# Socken stricken Neue Ideen

## Mit ausführlichem Grundkurs

Augustus Verlag

Schachenmayr nomotta

# Inhalt

# Vorwort

# Machen Sie sich auf die Socken!

Es ist nicht zu übersehen: Handgestrickte Strümpfe und Socken liegen im Trend! Nicht nur zu Jeans oder Wanderhosen trägt man heute die bequemen und angenehmen Strümpfe, sogar mit Minirock oder Wintershorts und derben Schuhen werden sie kombiniert, und als »Overknee«, der bis zum Oberschenkel reicht, hat der gute alte Strickstrumpf modisch Karriere gemacht.

Längst lassen nicht mehr allein Großmütter die Nadeln für Kinder und Enkel klappern. Gerade vielbeschäftigte junge Frauen nehmen gern ein Paar Socken in Angriff, weil die Arbeit überschaubar ist. Selbst wer nicht jeden Tag zum Stricken kommt, kann leicht in einer Woche damit fertig sein. Der Schaft lädt zum Experimentieren mit Mustern und Farben ein, der Fuß läßt sich auch beim spannendsten Krimi nebenher stricken.

Und die Ferse? Oft bekomme ich zu hören: »Ich würde ja so gerne Socken stricken, wenn nur die Ferse nicht wäre!« Keine Angst, die ist gar nicht so schwer zu stricken, wie viele meinen. In diesem Buch stelle ich Ihnen die einfachste und vermutlich am weitesten verbreitete Form ausführlich vor, und schon beim zweiten Paar Socken werden Sie kaum noch in die Anleitung schauen müssen.

Ein anderes Vorurteil lautet: »Das Sockenstricken lohnt sich doch gar nicht. Schon für zehn Mark bekomme ich schließlich drei Paar Tennissocken.« Und die haben dann häufig Nähte, die im Schuh so fürchterlich drücken, daß man froh ist, die vermeintlichen Schnäppchen nach einigen Wochen zu Schuhputzlumpen degradieren zu können, weil sie durchgescheuert sind. Selbstgestrickte Socken dagegen sitzen perfekt, drücken nicht und tun den Füßen rundum wohl.
So komfortable Socken können sie selbstverständlich auch kaufen – aber dann kosten sie mindestens ebensoviel wie zwei Knäuel erstklassiges Strumpfgarn.

Nicht zuletzt ist es auch vergnüglich, Farben und Muster nach den eigenen Vorlieben zusammenzustellen und so ganz individuelle Socken zu stricken, die es nirgends zu kaufen gibt.

Machen Sie sich also auf die Socken!

Ich wünsche Ihnen viel Spaß dabei.

*Lena Fuchs*

# Material

## Das Beste ist gerade gut genug

Gerade fürs Sockenstricken sind keine großen Investitionen nötig. Zwei Knäuel Garn und ein Spiel Stricknadeln, vielleicht noch ein Kärtchen Beilaufgarn – das ist schon alles. Es lohnt sich deshalb nicht, an der Qualität zu sparen. Schließlich ist das Wertvollste an Ihren selbstgestrickten Socken die Zeit, die Sie dafür aufgebracht haben.

## Garn

Socken werden in den Schuhen stark strapaziert und oft gewaschen. Sie müssen also einiges aushalten. Das Garn muß deshalb nicht nur hautfreundlich und weich, sondern auch robust und problemlos waschbar sein. Gute Strumpfgarne bestehen aus Schurwolle mit einem Anteil an Kunstfaser, meist Polyamid. Für die meisten Modelle in diesem Buch wurde das Garn *Schachenmayr Regia 4fädig* ① verwendet, das neben 75 Prozent Schurwolle mit Superwash-Ausrüstung 25 Prozent Polyamid enthält. Es hat eine Lauflänge von etwa 210 Metern je 50-Gramm-Knäuel und wird mit Nadeln der Stärke 2 bis 3 verstrickt. Dazu gibt es dünne Beilaufgarne ②, die Sie in Ferse und Spitze mit

verstricken können, um die Socken haltbarer zu machen. Selbst wenn Sie im allgemeinen kein Beilaufgarn verwenden: Für Sportsocken oder Strümpfe, die in Bergstiefeln oder Arbeitsschuhen getragen werden, sollten Sie darauf nicht verzichten.

Für sommerliche Socken – etwa mit luftigem Lochmuster – eignet sich ein polyamidverstärktes Baumwollgarn (z.B. *Schachenmayr Spring* ③) besser als ein Garn aus Schurwolle.

Welche Garnfarben Sie wählen, hängt natürlich ganz von Ihrem Geschmack ab. Die Zeiten, in denen Strumpfgarn prinzipiell grau, braun oder blau, für Modemutige mit Mouliné- oder Tweed-Effekt, sein mußte, sind längst vorbei. Heute können Sie unter weit mehr als hundert Farben und Mischungen aussuchen, was zu Ihrer Garderobe paßt.

Grundsätzlich gilt: Je einfacher das Strickmuster ist, desto bunter dürfen die Socken werden. Wenn Sie außer dem Bündchen alles glatt rechts stricken, können Sie die Socken in allen erdenklichen Farben »ringeln« oder die neuen, farbig bedruckten Garne ④ verwenden, die von selbst ein unregelmäßiges Sprenkelmuster ergeben. Solche Garne oder gar mehrere Farben sind hingegen für aufwendige Zopf- oder Aranstrickereien weniger geeignet, weil die Farbeffekte vom Muster ablenken würden. Reste in verschiedenen Farben lassen sich in einem Paar »Reste-Socken« verarbeiten. Entweder stricken Sie bunte Ringel, oder Sie setzen Ferse und Spitze farblich ab.

7

Bei den Materiallisten zu den einzelnen Modellen sind jeweils ganze Knäuel à 50 g angegeben, auch wenn möglicherweise nur die Hälfte davon gebraucht wird. Reste lassen sich später zu lustig gemusterten Socken verarbeiten.

# Nadeln

Socken werden grundsätzlich mit einem sogenannten »Spiel« aus fünf Nadeln ⑤ in Runden gestrickt. Rundstricknadeln eignen sich wegen des geringen Umfangs der Strickerei nicht.

Für die im Buch gezeigten Socken werden Nadeln der Stärke 2 bis 3 benötigt, die es in einer Länge von 15 bis 20 Zentimetern gibt. Im allgemeinen reichen die kürzeren Nadeln. Die Nadelstärke hängt davon ab, ob Sie fester (=> dickere Nadeln) oder lockerer (=> dünnere Nadeln) stricken.

Ob Sie lieber mit blanken oder lieber mit matt beschichteten Nadeln stricken, ist weitestgehend Gewohnheitssache. Meiner Erfahrung nach gleitet das Garn auf den beschichteten Nadeln besser. Neuerdings gibt es sogar vergoldete Stricknadeln, mit denen angeblich auch Nickel-Allergiker problemlos stricken können.

# Nützliches Zubehör

Außer Garn und Stricknadeln brauchen Sie kaum etwas. Eine dicke Stopfnadel leistet beim Vernähen der Fäden gute Dienste, und eine überdimensionale Sicherheitsnadel (»Maschenraffer« ⑥) nimmt die stillgelegten Maschen sicher auf, während Sie die Ferse stricken. Sie können die Maschen aber auch mit kleinen Hütchen ⑦ sichern, die einfach auf die Nadelspitzen gesteckt werden. Den Beginn der Runde – bei Socken also im allgemeinen die hintere Mitte – kann man mit einem Einhängering aus Kunststoff ⑧ markieren, um sich beim Musterstricken zu orientieren.

Eine Hilfsnadel mit Ausbuchtung ⑨ erleichtert das Stricken von Zopf- und Flechtmustern, und wenn Sie sich für ein farbiges Einstrickmuster entschieden haben, verhindert ein spezieller Fingerhut mit mehreren Ösen ⑩, daß sich die Garne verheddern. Anspruchsvoll sollten Sie bei der Wahl Ihrer Schere sein: Eine scharfe, spitze Näh- oder Stickschere muß es sein, denn bei der Handarbeit ist wenig so frustrierend wie das »Abquetschen« der vernähten Fäden mit einer stumpfen Schere.

# Der Strickspaß beginnt

# Jetzt geht's rund

Bis auf seltene Ausnahmen werden Socken in Runden gestrickt. Das ist nur am Anfang etwas ungewohnt, wenn man bisher nur in Reihen hin- und hergestrickt hat. Bald lernt man aber den größten Vorteil sehr zu schätzen: Beim Rundenstricken entfallen Randmaschen und Rückreihen, wir haben also immer die rechte Seite vor Augen. Und weil eine Runde praktisch nie mehr als 72 Maschen umfaßt, wächst der Strumpf auch rasch.

Sowohl für die meisten Muster als auch für Ferse und Spitze ist es wichtig, den Rundenbeginn zu markieren. Dazu können Sie einen kontrastfarbigen Faden oder einen speziellen Kunststoffring ins Gestrick einhängen. Wenn nicht anders angegeben, liegt der Rundenbeginn in der hinteren Mitte des Strumpfes, also in der senkrechten Mitte der Ferse.

Für den Anfang reicht es zu wissen, wie Maschen angeschlagen und rechte und linke Maschen gestrickt werden. Wer das kann, der kann auch Socken stricken. Mit einiger Übung und wachsendem Ehrgeiz werden die Muster bald komplizierter, eine zweite Farbe kommt dazu, der Schaft wird mit Norweger- oder Zopfmuster verziert.

Jetzt könnte es eigentlich losgehen. Bezähmen Sie trotzdem Ihre Ungeduld noch eine halbe Stunde lang, und stricken Sie zuerst eine Maschenprobe mit dem von Ihnen gewählten Garn und Ihren Nadeln! Der Aufwand ist nicht groß und lohnt sich auf alle Fälle, denn so schalten Sie die Ursache vieler Enttäuschungen von vornherein aus. Und sollten Sie später Socken aus dem gleichen Garn in Serie produzieren wollen, können Sie sich immer wieder nach dieser einen Maschenprobe richten.

# Die Maschenprobe

Für die gezeigten Modelle aus den Schachenmayr-Garnen *Regia 4fädig* und *Spring* gilt: 30 Maschen und 42 Reihen, glatt recht gestrickt, ergeben ein Quadrat von zehn mal zehn Zentimetern. Bei anderen Garnen ist die Maschenprobe eigens angegeben. So reichen beim dickeren Garn *Regia 6fädig* (Lauflänge 125m/50 g) bereits 22 Maschen und 30 Reihen für das Probequadrat.

Wenn Sie sehr fest stricken, also mehr Maschen und Reihen benötigen, um das Quadrat zu vollenden, wechseln Sie zu dickeren Nadeln; wenn Sie locker stricken, also mit weniger Maschen und Reihen auf das Probequadrat kommen, nehmen Sie dünnere Nadeln.

# Muster über Muster

Das Schöne an der Sockenstrickerei ist ja, daß ein Paar so schnell fertig ist. Wir können also diese Woche ein Norwegerdessin stricken, nächste Woche ein Zopfmuster und im Bus zur Arbeit einfache Ringel. Vorschläge für alle möglichen Varianten finden Sie in diesem Buch.

Vielleicht wollen Sie aber auch ein Muster selbst entwerfen. Gerade bei farbigen Einstrickmustern ist das ganz leicht. Skizzieren Sie Ihre Idee einfach auf kariertem Papier. Einige Punkte sollten Sie dabei aber bedenken: Damit beim Anziehen des Sockens die Zehen nicht hängenbleiben, sollten die Fäden der gerade nicht gebrauchten Farben nicht mehr als fünf Maschen weit mitgezogen werden. Außerdem sollte der Rapport des Musters in die für den Strumpf notwendige Maschenzahl passen. Wenn ein Rapport also beispielsweise acht Maschen umfaßt, müßte man ihn bei einer Runde von 64 Maschen achtmal stricken. Bei einem Schaft mit 60 Maschen pro Runde empfiehlt es sich, pro Nadel eine Masche zuzunehmen, um auf eine durch acht teilbare Maschenzahl zu kommen. Wer sehr fest strickt und ein Norwegermuster plant, sollte ohnehin nach dem Bündchen pro Nadel ein bis zwei Maschen zunehmen, denn die Spannfäden verringern die Elastizität der Strickerei, so daß der Schaft ansonsten möglicherweise zu eng wird. Viel Mühe und Garnsalat erspart man sich auch, wenn man die Muster so anlegt, daß nicht mehr als zwei Farben gleichzeitig verstrickt werden.

Einzelne Motive kann man auch im Maschenstich auf den glatt rechts gestrickten Schaft oder Fuß aufsticken (siehe Zeichnung).

Ähnlich leicht wie Einstrickmuster sind auch einfache Loch- oder Zopfmuster zu entwerfen. Dekorative Durchbrüche entstehen durch das Zusammenstricken – mal rechts, mal überzogen – von Maschen, auch in Kombination mit Rippen aus rechten und linken Maschen (siehe Seite 44 und Seite 51). Zöpfe sind, wenn man den Bogen erst einmal heraus hat, ganz einfach zu stricken und bieten schier unendliche Variationsmöglichkeiten: Ob man nur einen Zopf an der Seite des Schaftes anbringt oder den ganzen Strumpf rundum mit Zöpfen schmückt, ob man sie aus vier, sechs oder acht Maschen arbeitet, alle sechs, acht oder zehn Reihen verzopft, ist Geschmackssache. Bedenken Sie aber, daß der Schaft durch Zöpfe enger wird, und nehmen Sie deshalb nach dem Bündchen eventuell einige Maschen zu.

Auf der Oberseite des Fußes, dem Spann, läßt man das Schaftmuster gelegentlich in der 2. und 3. Nadel weiterlaufen. Fußsohle und Spitze werden gewöhnlich glatt rechts gestrickt.

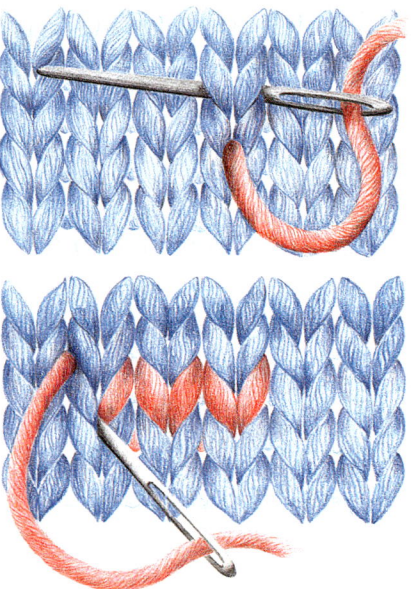

# Keine Angst vor Ferse und Spitze!

Ein Socken besteht aus Bündchen, Schaft (auch Rohr genannt), Ferse und Käppchen, Spickel, Fuß und Spitze (siehe Zeichnung). Man beginnt am Bündchen zu stricken und arbeitet sich ohne Naht bis zur Spitze vor. Für Bündchen, Ferse und Spitze gibt es verschiedene Techniken, von denen wir hier jeweils die gebräuchlichsten vorstellen.

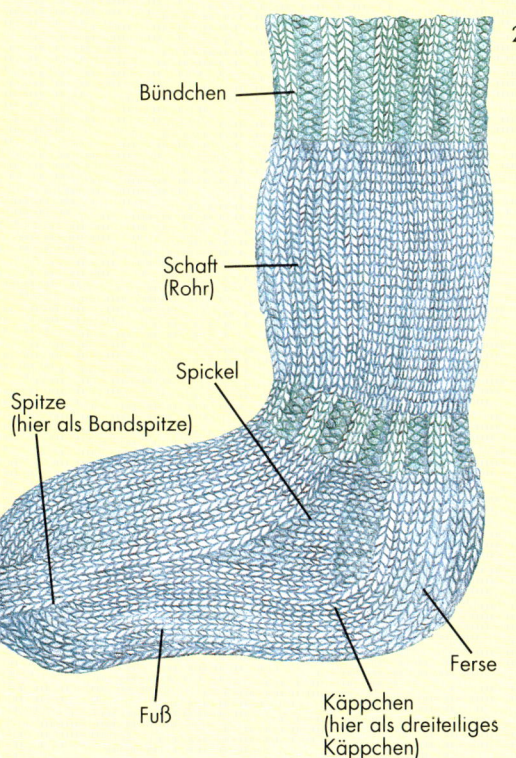

Bündchen

Schaft (Rohr)

Spickel

Spitze (hier als Bandspitze)

Fuß

Käppchen (hier als dreiteiliges Käppchen)

Ferse

**Bündchen**

Am einfachsten zu arbeiten ist das abwechselnd 1 Masche rechts, 1 Masche links gestrickte Bündchen (Foto 1). Es kann beliebig hoch gestrickt werden, sollte aber nicht zu kurz sein. Wichtig: Schlagen Sie die Maschen mit zwei Nadeln an, damit der Rand nicht zu eng wird und kneift.

Statt abwechselnd 1 Masche rechts, 1 Masche links kann man natürlich auch jeweils 2 Maschen rechts, 2 Maschen links (Foto 2) oder 3 Maschen rechts, 1 Masche links stricken. Wichtig ist der Wechsel zwischen rechten und linken Maschen, der dem Bündchen Elastizität verleiht.

Wenn ein Gummiband ins Bündchen eingezogen werden soll, empfiehlt sich der Mäusezähnchenrand (Foto 3): Dafür strickt man zunächst beispielsweise zehn Runden glatt rechts. In der elften Runde jeweils 2 Maschen rechts zusammenstricken, 1 Umschlag im Wechsel. In der zwölften Runde alle Maschen und Umschläge rechts abstricken. Anschließend wieder zehn Runden rechts stricken und in der 23. Runde jeweils eine Masche von der

Arbeitsnadel mit einer Anschlagmasche zusammenstricken. Am Ende der Runde drei Maschen zum Einziehen des Gummis offenlassen.

»Wie gekauft« sieht der italienische Anschlag aus, der zudem besonders elastisch ist. Dafür wird zunächst die Hälfte der benötigten Maschen mit einem kontrastfarbigen, dünnen Hilfsfaden und Nadeln angeschlagen, die eine halbe Nummer dünner sind als die Nadeln für das Bündchen (Foto 4). Anschließend strickt man mit dem Sockengarn, aber nach wie vor mit dünnen Nadeln weiter:
1 Runde: 1 Masche rechts, 1 Umschlag im Wechsel.
2. Runde: Rechte Maschen links abheben (Faden hinter der Nadel), Umschläge links stricken.
3. Runde: Abgehobene Maschen rechts stricken, linke Maschen links abheben (Faden vor der Nadel).
4. Runde: Wie 2. Runde.
5. Runde: Wie 3. Runde.

5

Von der sechsten Runde an verwendet man die eigentlichen Bündchennadeln und strickt wie gewohnt eine Masche rechts, eine Masche links im Wechsel bis zur gewünschten Bündchenhöhe (Foto 5). Den Hilfsfaden vorsichtig an mehreren Stellen durchschneiden und herauslösen.

### Ferse und Käppchen

Für jede Technik, Ferse und Käppchen zu stricken, ist es wichtig, den Überblick über die Nadeln zu behalten. Rundenbeginn ist immer in der hinteren Mitte des Strumpfes. Von dort aus werden die Nadeln so durchnumeriert, wie sie abgestrickt werden. Für die Ferse werden nur Nadel 4 und Nadel 1 gebraucht. Die Maschen auf den Nadeln 2 und 3 werden mit Maschenraffer oder Kunststoffkappen auf einer Nadel stillgelegt. Besonders einfach zu stricken ist die Ferse mit dreiteiligem Käppchen. Deshalb hier eine ausführliche Beschreibung.

6

Ferse (Foto 6): Die Maschen der 2. und 3. Nadel stillegen und mit den Maschen der 1. und 4. Nadel glatt rechts weiterstricken (Hinreihen rechts, Rückreihen links).

Jeweils zwei Maschen nach der ersten und vor der letzten Randmasche können in Hin- und Rückreihen links gestrickt werden, so daß sie als Krausrippen erscheinen. Es werden soviele Reihen gestrickt, wie Fersen-Maschen auf der Nadel sind. Ein Beispiel: Bei 64 Maschen Anschlag wird die Ferse mit 32 Maschen gestrickt. Es werden 32 Reihen glatt rechts gestrickt, so daß an den Seiten 16 Krausrippen entstehen.

7

Eine verstärkte Ferse (Foto 7) entsteht durch Hebemaschen:
1. Reihe: 1 Masche rechts, 1 Masche abheben im Wechsel.
2. Reihe: Links stricken.
Die beiden Reihen werden im Wechsel bis zur nötigen Fersenhöhe gestrickt.

8

Für das Käppchen werden die Fersenmaschen gleichmäßig auf drei Nadeln verteilt (Foto 8). Ein eventueller Rest wird den Maschen auf der mittleren Nadel zugeschlagen.
1. Reihe: Die Maschen der 1. und 2. Fersennadel rechts stricken, dabei die letzte Masche der 2. Nadel abheben, die 1. Masche der dritten Nadel rechts stricken und die abgehobene Masche darüberziehen. Arbeit wenden.

2. Reihe: 1 Masche links abheben. Die Maschen der 2. Nadel links stricken bis auf die letzte Masche. Diese letzte Masche der 2. Nadel mit der 1. Masche der 1. Nadel links zusammenstricken. Arbeit wenden.
3. Reihe: 1 Masche links abheben. Die Maschen der 2. Nadel rechts stricken bis auf die letzte Masche. Diese letzte Masche abheben, die 1. Masche der 3. Nadel rechts stricken und die abgehobene Masche darüberziehen.
Die 2. und 3. Reihe wiederholen, bis alle Maschen der 1. und 3. Fersennadel aufgebraucht sind (Foto 9).

9

10

Um für den Fuß nun wieder in Runden weiterstricken zu können, müssen die Fersenmaschen aufgenommen werden (Foto 10). Am einfachsten geht das, indem man am Ende der letzten Hinreihe am Käppchen mit der Stricknadel immer unter beiden Gliedern einer Randmasche der Ferse von außen nach innen durchsticht und den Faden durchholt wie bei einer rechten Masche. Wenn alle Fersenmaschen der einen Seite aufgenommen sind, werden die vorübergehend stillgelegten Maschen

der Nadeln 2 und 3 rechts oder im gewünschten Muster abgestrickt. Danach werden die Fersenmaschen der anderen Seite ebenfalls aufgenommen.

**Mein Tip:**
*Wenn an den Verbindungs-stellen zwischen den Fersenmaschen und den Nadeln davor oder danach allzu große Löcher zu entstehen drohen, nehme ich einen Zwischenfaden auf und stricke ihn rechts verschränkt ab. Diese überzähligen Maschen werden beim Spickelabnehmen einfach mit abgenommen.*

11

Auf den Nadeln 1 und 4 sind nun mehr Maschen als bei Fersenbeginn. Durch das Spickelabnehmen (Foto 11) reduziert man die Maschenzahl wieder.
Es wird in Runden weitergestrickt. Über die Nadeln 2 und 3 läuft möglicherweise ein Muster, die Maschen der Nadeln 1 und 4 werden auf alle Fälle glatt rechts abgestrickt. Dabei wird in jeder dritten Runde folgendermaßen abgenommen: Die zweit- und drittletzte Masche der 1. Nadel werden rechts zusammengestrickt, die letzte Masche der 1. Nadel wird wieder rechts gestrickt. Die 1. Masche der 4. Nadel wird ebenfalls rechts gestrickt. Die 2. Masche wird abgehoben, die 3. Masche rechts gestrickt und die zweite darübergezogen. Diese Abnahmerunden werden so oft wiederholt, bis die Zahl der ursprünglich angeschlagenen Maschen wieder erreicht ist.

12

### Eine Alternative für Könner: die Ferse mit verkürzten Reihen

Die Methode der verkürzten Reihen liest sich schwieriger, als sie tatsächlich ist. Bei dieser Technik werden Ferse, Käppchen und Spickel in einem gestrickt.
Die Fersenbreite beträgt hier 3 bzw. 2 Maschen weniger als die gesamte Maschenzahl der Runde. Es muß sich eine ungerade Maschenzahl ergeben. (Die restlichen Maschen werden stillgelegt.) Es wird nicht mehr in Runden, sondern in Reihen glatt rechts gestrickt (Hinreihen rechts, Rückreihen links).
Die mittlere Fersenmasche ist Masche 1. Diese Mittelmasche und die Hälfte der Fersenmaschen rechts stricken, die Arbeit wenden und folgendermaßen weiterstricken:
1. Reihe: 1 Umschlag, alle Fersenmaschen links stricken; Arbeit wenden.
2. Reihe: 1 Umschlag, alle Fersenmaschen rechts stricken, ausgenommen die letzte Masche und den Umschlag aus der 1. Reihe; Arbeit wenden.
In den folgenden Reihen immer 1 Masche weniger als in der vorangegangenen stricken, bis nur noch 11 Maschen gestrickt werden. Anschließend wird die Ferse Reihe für Reihe verbreitert:

1. Reihe: 1 Umschlag, 11 Maschen rechts stricken, Umschlag und die darauffolgende Masche rechts zusammenstricken; Arbeit wenden.
2. Reihe: 1 Umschlag, 12 Maschen links stricken, Umschlag und die darauffolgende Masche links verschränkt zusammenstricken; Arbeit wenden.
So wird in jeder Reihe eine Masche mehr gestrickt. Am Ende jeder Reihe werden jeweils ein Umschlag und eine Masche zusammengestrickt. Wenn eine Arbeitsreihe nur noch 2 Maschen weniger als die ursprüngliche Fersenbreite umfaßt, werden die zuvor stillgelegten Maschen wieder »aktiviert«, so daß in Runden weitergestrickt wird. Die 1. Runde beginnt wie die vorangegangenen Reihen mit 1 Umschlag. Die Fersenmaschen werden rechts gestrickt. Die dann folgenden zwei Umschläge und die darauffolgende Masche rechts zusammenstricken, den letzten Umschlag auf dieser Seite mit den beiden folgenden Maschen rechts zusammenstricken. Anschließend die zuvor stillgelegten Maschen rechts stricken bis auf die letzten beiden Maschen. Diese Maschen mit dem darauffolgenden Umschlag rechts verschränkt zusammenstricken. Die nächste Masche mit den beiden letzten Umschlägen ebenfalls rechts verschränkt zusammenstricken.
Diese Technik erfordert ein wenig Konzentration und Sorgfalt beim Stricken, damit keine großen Löcher in den verkürzten Reihen entstehen. Aber erstens erspart die Methode das Spickelabnehmen, und zweitens sieht die Ferse besonders ordentlich aus.

### Fuß

Am einfachsten wird der Fuß glatt rechts gestrickt – erfahrene Strickerinnen müssen da nicht einmal mehr hinsehen. Wer mag, kann aber auch auf der Oberseite das Muster des Schafts weiter-

laufen lassen, etwa Zöpfe oder ein Lochmuster. Dann werden die Nadeln 2 und 3 im Mustersatz, die Nadeln 1 und 4 glatt rechts gearbeitet. Für die Paßform der Socken ist eine gelegentliche Anprobe günstig: Wenn der Fuß bis zum Ende der kleinen Zehe gestrickt ist, beginnen die Abnahmen für die Spitze. Wenn eine Anprobe nicht möglich ist, richten Sie sich nach der Größentabelle auf Seite 15.

13

### Spitze

Für die einfachste Spitze (Foto 13) werden in den Abnahmerunden jeweils die zweit- und drittletzte Masche jeder Nadel rechts zusammengestrickt. Glatt rechts gestrickte Runden zwischen den Abnahmerunden helfen, die Spitze auszuformen:
Auf die erste Abnahmerunde folgen drei Runden glatt rechts, auf die nächsten beiden Abnahmerunden jeweils zwei Runden glatt rechts. Nach der vierten, fünften und sechsten Abnahmerunde wird jeweils nur noch eine Runde glatt rechts gestrickt. Danach wird in jeder Runde abgenommen, bis nur

---

*Mein Tip:*
*Bei Kindersöckchen reichen weniger glatt rechts gestrickte Runden zwischen den Abnahmerunden. Man strickt dann beispielsweise nach den beiden ersten Abnahmerunden jeweils zwei Runden glatt rechts, nach den beiden nächsten Abnahmerunden jeweils eine Runde glatt rechts und nimmt schließlich in jeder Runde ab.*

---

noch zwei Maschen pro Nadel übrig sind. Diese Maschen werden mit doppeltem Faden zusammengezogen. Der Faden wird im Inneren des Strumpfes vernäht.

14

Schöner wirkt die Bandspitze (Foto 14). Das charakteristische Band entsteht, indem am Ende der 1. und 3. Nadel und am Anfang der 2. und 4. Nadel abgenommen wird.
1. Nadel: Rechts stricken. Zweit- und drittletzte Masche rechts zusammenstricken, letzte Masche rechts.
2. Nadel: 1 Masche rechts, 1 Masche abheben, 1 Masche rechts, abgehobene Masche über die rechts gestrickte Masche ziehen. Rechts weiterstricken.
3. Nadel: Wie 1. Nadel.
4. Nadel: Wie 2. Nadel.
Zwischen den Abnahmerunden werden wie beim einfachen Schlußabnehmen glatt rechts gestrickte Runden eingefügt. Besonders edel gelingt die Spitze, wenn die letzten acht Maschen nicht zusammengezogen, sondern die vier letzten Maschen auf der Oberseite mit ihrem jeweiligen Gegenstück auf der Unterseite des Fußes im Maschenstich zusammengefügt werden.

Eine attraktive Variante ist die Sternchenspitze, bei der gleichmäßig über die ganze Runde verteilt abgenommen wird (Foto 15). Umfaßt eine Runde 60 oder mehr Maschen, wird jede sechste Masche mit der folgenden Masche rechts zusammengestrickt, bei einer Runde von weniger als 60 Maschen jede fünfte. Auf die erste

15

Abnahmerunde folgen dementsprechend sechs oder fünf glatt rechts gestrickte Runden. In der nächsten Abnahmerunde wird der Abstand zwischen den Abnahmen um eine Masche verringert. Es wird also jede fünfte oder vierte Masche mit der nächsten zusammengestrickt. Fünf oder vier Runden glatt rechts folgen. Nach diesem Prinzip wird weiter abgenommen, bis nur noch die letzten acht Maschen auf der Nadel sind. Diese Maschen werden mit doppeltem Faden zusammengezogen oder im Maschenstich zusammengenäht.

## Größentabelle für Socken aus Strumpfgarn

Lauflänge 210 m/50 g; Maschenprobe: 30 Maschen und 42 Reihen/Runden = 10 x 10 cm

| Größe | 22/23 | 24/25 | 26/27 | 28/29 | 30/31 | 32/33 | 34/35 | 36/37 | 38/39 | 40/41 | 42/43 | 44/45 | 46/47 |
|---|---|---|---|---|---|---|---|---|---|---|---|---|---|
| Fußlänge (cm) | 14,5 | 15,5 | 17 | 18 | 19,5 | 21 | 22 | 23,5 | 25 | 26,5 | 27,5 | 28,5 | 30 |
| Maschenanschlag | 44 | 48 | 48 | 52 | 52 | 56 | 56 | 60 | 60 | 64 | 64 | 68 | 72 |
| Fersenbreite in Maschen | 22 | 24 | 24 | 26 | 26 | 28 | 28 | 30 | 30 | 32 | 32 | 34 | 36 |
| Fersenhöhe in Reihen | 20 | 22 | 22 | 24 | 24 | 26 | 26 | 28 | 28 | 30 | 30 | 32 | 34 |
| Maschenanzahl für das Käppchen | 8 | 8 | 8 | 8 | 8 | 10 | 10 | 10 | 10 | 10 | 10 | 12 | 12 |
| Maschenaufnahme beidseitig | 11 | 12 | 12 | 13 | 13 | 14 | 14 | 15 | 15 | 16 | 16 | 17 | 18 |
| Länge ab Aufnahme bis Spitzenbeginn (cm) | 6,5 | 7 | 8,5 | 9 | 10,5 | 11,5 | 12,5 | 13,5 | 15 | 15,5 | 16,5 | 17 | 18 |

Fertig ist das erste Paar Socken. Das war doch gar nicht so schwer, oder?

# Das könnte Ihnen so passen!

Die meisten Socken in diesem Buch werden in Größe 38/39 vorgestellt. Aber keine Sorge: Fast jedes Modell läßt sich ganz einfach auf andere Schuhgrößen übertragen. Das einzige, worauf Sie achten müssen, ist das Schaftmuster. Für die gewünschte Größe müssen Sie vielleicht einen Musterrapport mehr oder einen weniger stricken als angegeben. Falls das Muster mit den angeschlagenen Maschen nicht aufgeht, nehmen Sie nach dem Bündchen ein paar Maschen zu, um auf einen ganzen Rapport zu kommen. Vor der Ferse nehmen Sie diese Maschen dann einfach wieder ab. Wieviele Maschen für die einzelnen Größen angeschlagen werden müssen, wie lang der Fuß werden muß und alle anderen größenabhängigen Angaben entnehmen Sie der Tabelle.

# Aller Anfang ist leicht

# Lustige Ringel und farbige Fersen

# Farbakzente an Ferse und Spitze

**Größe 38/39**

## Material:

| Lfd. Nr. | Qualität | Farbe | Verbrauch |
|---|---|---|---|
| 1 | Regia-Color 4f. | 2114 atlantik-lila | 50 g |
| 2 | Regia 4fädig | 2098 viola | 50 g |
| 3 | Regia 4fädig | 1988 lavendel | 50 g |

## Nadeln
Nadelspiel Nr. 2 – 3

## Maschenprobe
30 Maschen/42 Reihen glatt rechts = 10 x 10 cm

## Strickmuster
Bündchen: 1 Masche rechts, 1 Masche links im Wechsel stricken

Glatt rechts: In Runden jede Runde rechts stricken; in Reihen in Hinreihen rechts, in Rückreihen links stricken.

## Arbeitsanleitung
60 Maschen (= 15 Maschen pro Nadel) in Farbe 2 anschlagen und im Bündchenmuster 53 Runden stricken. Anschließend 20 Runden glatt rechts in Farbe 1 stricken. Ferse und Käppchen in Farbe 3 arbeiten, wie auf Seite 12 beschrieben. Spickelabnahme und Fuß glatt rechts in Farbe 1 stricken, anschließend in Farbe 3 die Spitze mit Bandabnahme arbeiten, wie auf Seite 14 beschrieben. Zum Schluß den Rand des Bündchens in Farbe 3 mit Festonstichen umnähen. Beide Socken gleich arbeiten.
Hinweis: Von Farbe 2 und 3 wird jeweils nur ein halber Knäuel benötigt. Die Reste lassen sich später mit anderen Farben zu lustigen Ringelsocken verstricken.

**Mein Tip:**
Nach der Größentabelle auf Seite 15 können Sie diese einfachen Socken problemlos auch in anderen Schuhgrößen stricken.

# Tennissocken mit Ringelmuster

### Größe 38/39

### Material

| Lfd. Nr. | Qualität | Farbe | Verbrauch |
|----------|----------|-------|-----------|
| 1 | Spring | 56 jeans-mouliné | 50 g |
| 2 | Spring | 50 marine | 50 g |

### Nadeln

Nadelspiel Nr. 2 – 3

### Maschenprobe

30 Maschen/42 Reihen glatt rechts = 10 x 10 cm

### Strickmuster

Rippenmuster: 4 Maschen rechts, 2 Maschen links im Wechsel (in Runden)

Glatt rechts: In Runden jede Runde rechts stricken; in Reihen in Hinreihen rechts, in Rückreihen links stricken.

### Arbeitsanleitung

60 Maschen (= 15 Maschen pro Nadel) in Farbe 2 anschlagen und jeweils 4 Maschen rechts, 2 Maschen links im Wechsel stricken. Dabei jede Runde mit 2 Maschen rechts beginnen und beenden.

Farbfolge: 18 Runden in Farbe 2,
        8 Runden in Farbe 1,
        10 Runden in Farbe 2,
        16 Runden in Farbe 1,
        8 Runden in Farbe 2,
        *4 Runden in Farbe 1,
        2 Runden in Farbe 2,
        ab * 2x wiederholen.

Da der Schaft sowohl mehrmals umgeschlagen als auch nicht umgeschlagen getragen wird, bei jedem Farbwechsel die neue Farbe neu anstricken und die Fäden später möglichst unauffällig vernähen. Nach ca. 19 cm Schafthöhe Ferse, Fuß und Spitze in Farbe 1 stricken, wie ab Seite 12 beschrieben, dabei mit der 2. und 3. Nadel das Rippenmuster weiterführen, mit der 1. und 4. Nadel glatt rechts weiterstricken. Beide Socken gleich arbeiten.

# Warme Ringelsocken als Hausschuhe

Größe 26/27

## Material (grau mit gelben Streifen)

| Lfd. Nr. | Qualität | Farbe | Verbrauch |
|---|---|---|---|
| 1 | Regia 6fach | 44 mittelgrau meliert | 50 g |
| 2 | Regia 6fach | 2041 gelb | 50 g |

## Material (rot mit grauen Streifen)

| Lfd. Nr. | Qualität | Farbe | Verbrauch |
|---|---|---|---|
| 1 | Regia 6fach | 2002 kirsch | 50 g |
| 2 | Regia 6fach | 33 flanell meliert | 50 g |

## Nadeln
Nadelspiel Nr. 3 – 4

## Maschenprobe
22 Maschen/30 Reihen glatt rechts = 10 x 10 cm

## Strickmuster
Glatt rechts: In Runden jede Runde rechts stricken; in Reihen in Hinreihen rechts, in Rückreihen links stricken.

## Arbeitsanleitung
44 Maschen (= 11 Maschen pro Nadel) in Farbe 2 anschlagen und für den Rollrand 12 bis 16 Runden glatt rechts stricken. Anschließend in Farbe 1 Ferse und Käppchen arbeiten, wie auf Seite 12 beschrieben. Spickel und Fuß glatt rechts in Ringeln stricken: Dafür alle drei Runden zwischen Farbe 1 und 2 abwechseln. Die Spitze mit Bandabnahme in Farbe 1 arbeiten, wie auf Seite 14 beschrieben.
Den Rollrand mit einigen Handstichen befestigen.
In Farbe 1 zwei Pompons arbeiten und an der Ferse annähen.
Beide Socken gleich arbeiten.
Hinweis: Pro Paar Kindersocken reicht ein halber Knäuel Garn in jeder Farbe. Mit 100 g Garn können Sie also zwei Paar der beschriebenen Socken stricken.

## Mein Tip:
Haltbarer werden diese Hausschuh-Socken, wenn Sie eine fertige Sohle für Hüttenschuhe annähen.

# Norwegisch inspiriert

## Kunterbunte Einstrickmuster

# Jacquardmuster für Spürnasen

Größe 38/39

## Material

| Lfd. Nr. | Qualität | Farbe | Verbrauch |
|---|---|---|---|
| 1 | Regia 4fädig | 1996 jeansblau | 50 g |
| 2 | Regia 4fädig | 2143 leinen | 50 g |
| 3 | Regia 4fädig | 2045 chianti | 50 g |
| 4 | Regia 4fädig | 2903 dunkelbraun | 50 g |
| 5 | Regia 4fädig | 2145 nougat | 50 g |

## Nadeln
Nadelspiel Nr. 2 – 3

## Maschenprobe
30 Maschen/40 Runden im Jacquardmuster =
10 x 10 cm

## Strickmuster
Bündchen:
1.-3. Runde: 2 Maschen rechts, 2 Maschen links im
Wechsel mit Farbe 2.
4.-10. Runde: 2 Maschen rechts mit Farbe 2,
2 Maschen links mit Farbe 1 im Wechsel.
11. Runde: Alle Maschen rechts mit Farbe 2.
12. und 13. Runde: 2 Maschen rechts, 2 Maschen links
im Wechsel mit Farbe 2.
14. Runde: Alle Maschen rechts mit Farbe 2.

Glatt rechts: In Uni oder Jacquardtechnik nach Zählmuster in Hinreihen rechts, in Rückreihen links oder in
Runden jede Runde rechts stricken.

## Arbeitsanleitung
60 Maschen (= 15 Maschen pro Nadel) mit Farbe 2
anschlagen und 14 Runden im Bündchenmuster
stricken. Danach glatt rechts in Jacquardtechnik ein-
mal Runde 1 bis 50 nach Zählmuster stricken. Ferse
und Käppchen glatt rechts in Farbe 1 arbeiten, wie auf
Seite 12 beschrieben. Nach dem Auffassen der
Fersenmaschen den Fuß in folgender Farbfolge glatt
rechts bis zur Spitze weiterstricken:
A: 2 Runden Farbe 1, 2 Runden Farbe 3, 2 Runden
Farbe 2;
B: 2 Runden Farbe 1, 2 Runden Farbe 4, 2 Runden
Farbe 2;
C: 2 Runden Farbe 1, 2 Runden Farbe 5, 2 Runden
Farbe 2.
Farbfolge A dreimal, Farbfolge B dreimal und danach
Farbfolge C bis zur Spitze stricken. Die Spitze in Farbe
1 stricken, wie auf Seite 14 beschrieben.
Beide Socken gleich arbeiten.

**Modell 1996**
Zählmuster

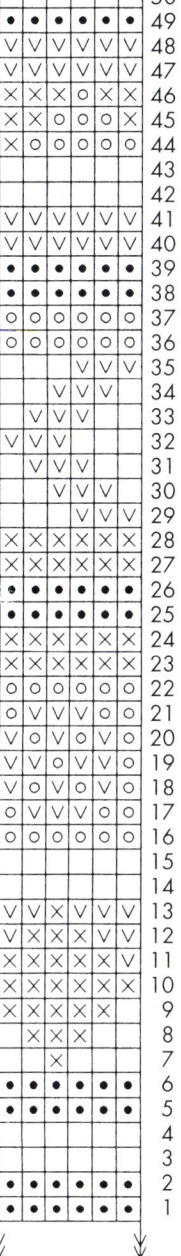

## Zeichenerklärung

□ = 1 Masche rechts
in Farbe 2145 nougat

• = 1 Masche rechts
in Farbe 2903 dunkelbraun

× = 1 Masche rechts
in Farbe 2045 chianti

∨ = 1 Masche rechts
in Farbe 2143 leinen

○ = 1 Masche rechts
in Farbe 1996 jeansblau

# Unterwegs mit frischen Farben

**Größe 38/39**

## Material

| Lfd. Nr. | Qualität | Farbe | Verbrauch |
|---|---|---|---|
| 1 | Regia 4fädig | 2051 smaragd | 100 g |
| 2 | Regia 4fädig | 2017 pink | 50 g |
| 3 | Regia 4fädig | 540 royal | 50 g |
| 4 | Regia 4fädig | 1988 lavendel | 50 g |
| 5 | Regia 4fädig | 2093 malve | 50 g |
| 6 | Regia 4fädig | 2060 limone | 50 g |

## Nadeln
Nadelspiel Nr. 2 – 3

## Maschenprobe
30 Maschen/42 Reihen glatt rechts = 10 x 10 cm

## Strickmuster
Bündchen: 1 Masche rechts, 1 Masche links im Wechsel stricken

Glatt rechts: In Uni oder Jacquardtechnik nach Zählmuster in Hinreihen rechts, in Rückreihen links oder in Runden jede Runde rechts stricken.

## Arbeitsanleitung
60 Maschen in Farbe 1 anschlagen und 15 Runden im Bündchenmuster stricken. Anschließend je Nadel 1 Masche zunehmen und 59 Runden im Jacquardmuster nach Zählvorlage stricken. In der 60. Runde ab Bündchen pro Nadel wieder 1 Masche abnehmen.
Ferse und Fuß in Farbe 1 stricken, wie ab Seite 12 beschrieben.
Beide Socken gleich stricken.

## Mein Tip:
Durch Hinzufügen oder Weglassen eines Mustersatzes von acht Maschen läßt sich dieses Modell auch leicht für andere Größen abwandeln. Denken Sie daran, daß der Schaft durch das Einstrickmuster enger und weniger elastisch wird! Nehmen Sie lieber nach dem Bündchen ein paar Maschen zu als ab, um auf einen vollen Mustersatz zu kommen.

## Zeichenerklärung
◉ = 1 Masche rechts in Farbe 2051 smaragd
Ⅱ = 1 Masche rechts in Farbe 2017 pink
☐ = 1 Masche rechts in Farbe 540 royal
☒ = 1 Masche rechts in Farbe 1988 lavendel
▣ = 1 Masche rechts in Farbe 2093 malve
⊟ = 1 Masche rechts in Farbe 2060 limone

## Strickschrift

(Zählmuster, Reihen 1–59)

# Ethnomuster
# in zwei Farbvarianten

Größe 38/39

### Material (Modell in Brauntönen)

| Lfd. Nr. | Qualität | Farbe | Verbrauch |
|---|---|---|---|
| 1 | Regia 4fädig | 2145 nougat | 100 g |
| 2 | Regia 4fädig | 600 weiß | 50 g |
| 3 | Regia 4fädig | 2101 curry | 50 g |
| 4 | Regia 4fädig | 522 anthrazit meliert | 50 g |
| 5 | Regia 4fädig | 315 burgund | 50 g |

### Material (Modell in Blautönen)

| Lfd. Nr. | Qualität | Farbe | Verbrauch |
|---|---|---|---|
| 1 | Regia 4fädig | 600 weiß | 100 g |
| 2 | Regia 4fädig | 1980 graublau mel. | 50 g |
| 3 | Regia 4fädig | 2058 gletscher | 50 g |
| 4 | Regia 4fädig | 2148 polar | 50 g |
| 5 | Regia 4fädig | 1996 jeansblau | 50 g |

### Nadeln

Nadelspiel Nr. 2 – 3

### Maschenprobe

30 Maschen/42 Reihen glatt rechts = 10 x 10 cm

### Strickmuster

Glatt rechts: In Uni oder Jacquardtechnik nach Zählmuster in Hinreihen rechts, in Rückreihen links oder in
Runden jede Runde rechts stricken.

### Arbeitsanleitung

60 Maschen (= 15 Maschen pro Nadel) anschlagen
und für den Saum 8 Runden glatt rechts in Weiß
stricken. Als Saumbruch 1 Runde linke Maschen
stricken. Den Schaft im Einstrickmuster arbeiten.
Dafür einmal die 1. bis 28. Runde und anschließend
die 28. bis 6. Runde stricken. Ferse, Fuß und Spitze in
Farbe 1 arbeiten, wie ab Seite 12 beschrieben.
Beide Socken gleich arbeiten.

## Strickschrift

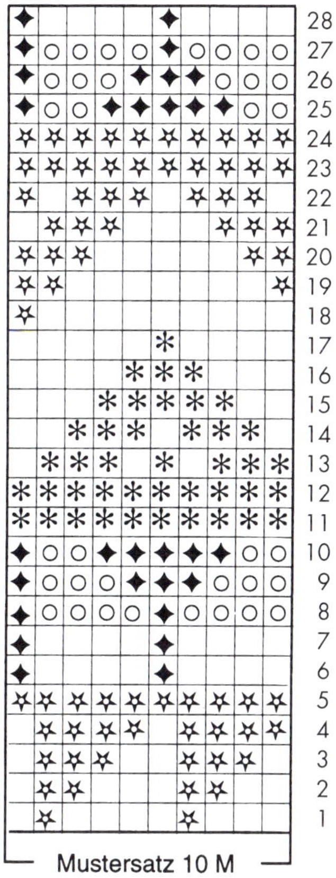

| | | | | | | | | | | # |
|---|---|---|---|---|---|---|---|---|---|---|
| ◆ | | | | ◆ | | | | | | 28 |
| ◆ | ○ | ○ | ○ | ○ | ◆ | ○ | ○ | ○ | ○ | 27 |
| ◆ | ○ | ○ | | ◆ | ◆ | | ○ | ○ | ○ | 26 |
| ◆ | ○ | ○ | ◆ | ◆ | ◆ | ◆ | ◆ | ○ | ○ | 25 |
| ✶ | ✶ | ✶ | ✶ | ✶ | ✶ | ✶ | ✶ | ✶ | ✶ | 24 |
| ✶ | ✶ | ✶ | ✶ | ✶ | ✶ | ✶ | ✶ | ✶ | ✶ | 23 |
| ✶ | | | ✶ | ✶ | ✶ | | ✶ | ✶ | ✶ | 22 |
| | ✶ | ✶ | ✶ | | | | ✶ | ✶ | ✶ | 21 |
| ✶ | ✶ | ✶ | | | | | | ✶ | ✶ | 20 |
| ✶ | ✶ | | | | | | | | ✶ | 19 |
| ✶ | | | | | | | | | | 18 |
| | | | | | ✳ | | | | | 17 |
| | | | | ✳ | ✳ | ✳ | | | | 16 |
| | | | ✳ | ✳ | ✳ | ✳ | ✳ | | | 15 |
| | | ✳ | ✳ | ✳ | | ✳ | ✳ | ✳ | | 14 |
| | ✳ | ✳ | ✳ | | ✳ | | ✳ | ✳ | ✳ | 13 |
| ✳ | ✳ | ✳ | ✳ | ✳ | ✳ | ✳ | ✳ | ✳ | ✳ | 12 |
| ✳ | ✳ | ✳ | ✳ | ✳ | ✳ | ✳ | ✳ | ✳ | ✳ | 11 |
| ◆ | ○ | ○ | ◆ | ◆ | ◆ | ◆ | ◆ | ○ | ○ | 10 |
| ◆ | ○ | ○ | ○ | ◆ | ◆ | ○ | ○ | ○ | ○ | 9 |
| ◆ | ○ | ○ | ○ | ○ | ◆ | ○ | ○ | ○ | ○ | 8 |
| ◆ | | | | | ◆ | | | | | 7 |
| ◆ | | | | | ◆ | | | | | 6 |
| ✶ | ✶ | ✶ | ✶ | ✶ | ✶ | ✶ | ✶ | ✶ | ✶ | 5 |
| | ✶ | ✶ | ✶ | ✶ | | ✶ | ✶ | ✶ | ✶ | 4 |
| | | ✶ | ✶ | ✶ | | | ✶ | ✶ | ✶ | 3 |
| | | | ✶ | ✶ | | | | ✶ | ✶ | 2 |
| | | | | ✶ | | | | | ✶ | 1 |

└─ Mustersatz 10 M

## Zeichenerklärung

(jeweils 1 Masche rechts)

☐ = weiß 600
○ = curry 2101
✶ = nougat 2145
✳ = anthrazit mel. 522
◆ = burgund 315

und

☐ = weiß 600
○ = graublau mel. 1980
✶ = 2058 gletscher
✳ = polar 2148
◆ = jeansblau 1996

# Musterhaft zu Fuß

**Größe 38/39**

## Material

| Lfd. Nr. | Qualität | Farbe | Verbrauch |
|----------|----------|-------|-----------|
| 1 | Regia 4fädig | 324 marine | 50 g |
| 2 | Regia 4fädig | 600 weiß | 50 g |

## Nadeln
Nadelspiel Nr. 2 – 3

## Maschenprobe
30 Maschen/45 Runden im Jacquardmuster =
10 x 10 cm

## Strickmuster
Kraus: 1 Runde rechte Maschen, 1 Runde linke
Maschen im Wechsel stricken.

Glatt rechts: In Jacquardtechnik nach Zählmuster in
Hinreihen rechts, in Rückreihen links oder in Runden
jede Runde rechts stricken.

Grundmuster 1 für den Schaft und den oberen Fuß:
In Runden in Jacquardtechnik nach Zählmuster
stricken. Rundenbeginn ist beim einfachen Pfeil: Vom
einfachen Pfeil bis zum folgenden Doppelpfeil stricken,
den Rapport zwischen den Doppelpfeilen fortlaufend
wiederholen und beim einfachen Pfeil die Runde beenden. Die 1. bis 10. Runde fortlaufend wiederholen.

Grundmuster 2 für den unteren Fuß:
Glatt rechts in Jacquardtechnik 1 Masche in Weiß und
1 Masche in Marine im Wechsel stricken. Das Muster
in jeder 3. folgenden Runde versetzen. Nach 9 Runden
Höhe folgt eine Runde in Marine vom Grundmuster 1.
Danach das Muster versetzt weiterstricken.

## Arbeitsanleitung
60 Maschen (= 15 Maschen pro Nadel) in Marine
anschlagen und 2 Runden kraus in Marine, 2 Runden
kraus in Weiß im Wechsel stricken. Nach 16 Runden
(= ca. 3 cm) 1 Runde glatt rechts in Marine und 50
Runden (= ca. 14 cm) im Grundmuster 1 stricken.
Ferse und Käppchen glatt rechts in Marine arbeiten,
wie auf Seite 12 beschrieben. Für den Fuß mit den
Maschen der 2. und 3. Nadel und der 1. Masche der 4.
Nadel im Grundmuster 1, mit den restlichen Maschen
der 1. und 4. Nadel im Grundmuster 2 weiterstricken.
Die Spitze in Marine stricken, wie auf Seite 14 be-
schrieben.
Beide Socken gleich arbeiten.

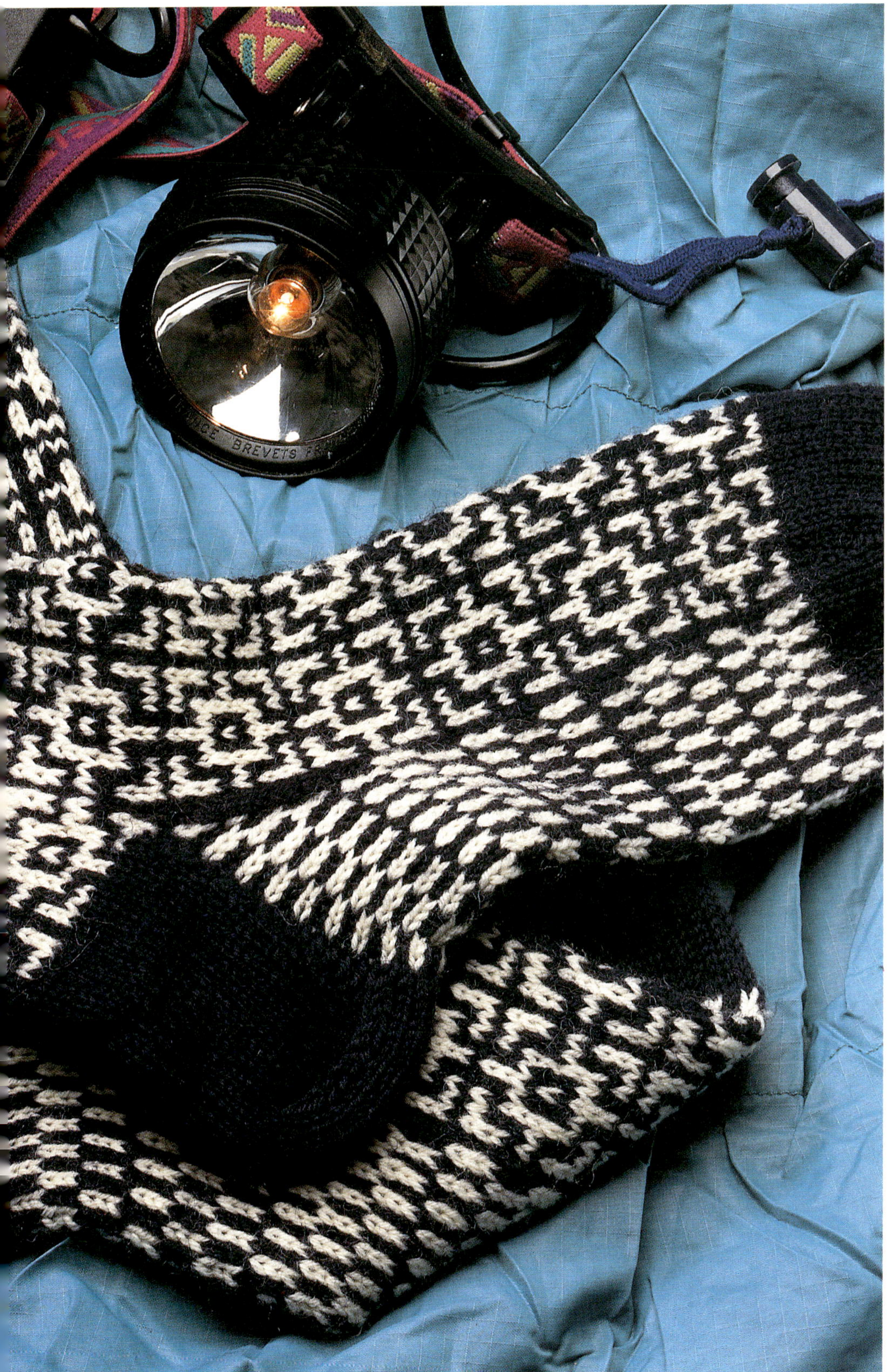

**Mein Tip:**
Das außergewöhnliche
Muster dieses Modells
sieht auch in anderen
Farbkombinationen sehr
apart aus.

**Zählmuster**

**Zeichenerklärung**

• = 1 Masche rechts in
Farbe 324 marine

□ = 1 Masche rechts in
Farbe 600 weiß

# Dezente Farben im Schnee

**Größe 38/39**

## Material

| Lfd. Nr. | Qualität | Farbe | Verbrauch |
|---|---|---|---|
| 1 | Regia 4fädig | 2143 leinen meliert | 100 g |
| 2 | Regia 4fädig | 2137 jeans meliert | 50 g |
| 3 | Regia 4fädig | 1070 holz meliert | 50 g |

## Nadeln
Nadelspiel Nr. 2 – 3

## Maschenprobe
30 Maschen/42 Reihen glatt rechts = 10 x 10 cm

## Strickmuster
Bündchen: 1 Masche rechts, 1 Masche links im Wechsel stricken

Glatt rechts: In Uni oder Jacquardtechnik nach Zählmuster in Hinreihen rechts, in Rückreihen links oder in Runden jede Runde rechts stricken.

## Arbeitsanleitung
60 Maschen (= 15 Maschen pro Nadel) in Farbe 1 anschlagen, ca. 5 cm im Bündchenmuster und anschließend 2 Runden glatt rechts stricken. Danach zweimal die 1. bis 24. Runde des Zählmusters stricken. Nach insgesamt ca. 19 cm Schafthöhe Ferse, Fuß und Spitze glatt rechts in Farbe 1 arbeiten, wie ab Seite 12 beschrieben. Beide Socken gleich arbeiten.

## Mein Tip:
Für andere Schuhgrößen stricken Sie einfach einen Musterrapport mehr oder weniger.

## Zeichenerklärung
(jeweils 1 Masche rechts)
□ = leinen meliert 2143
• = jeans meliert 2137
⊠ = holz meliert 2070

## Zählmuster

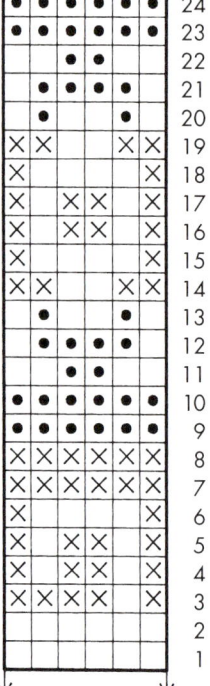

| | | | | | | |
|---|---|---|---|---|---|---|
| • | • | • | • | • | • | 24 |
| • | • | • | • | • | • | 23 |
| | | • | • | | | 22 |
| | • | • | • | • | | 21 |
| | • | | | • | | 20 |
| ⊠ | ⊠ | | | ⊠ | ⊠ | 19 |
| ⊠ | | | | | ⊠ | 18 |
| ⊠ | | ⊠ | ⊠ | | ⊠ | 17 |
| ⊠ | | ⊠ | ⊠ | | ⊠ | 16 |
| ⊠ | | | | | ⊠ | 15 |
| ⊠ | ⊠ | | | ⊠ | ⊠ | 14 |
| | • | | | • | | 13 |
| | • | • | • | • | | 12 |
| | | • | • | | | 11 |
| • | • | • | • | • | • | 10 |
| • | • | • | • | • | • | 9 |
| ⊠ | ⊠ | ⊠ | ⊠ | ⊠ | ⊠ | 8 |
| ⊠ | ⊠ | ⊠ | ⊠ | ⊠ | ⊠ | 7 |
| ⊠ | | | | | ⊠ | 6 |
| ⊠ | | ⊠ | ⊠ | | ⊠ | 5 |
| ⊠ | | ⊠ | ⊠ | | ⊠ | 4 |
| ⊠ | ⊠ | ⊠ | ⊠ | | ⊠ | 3 |
| | | | | | | 2 |
| | | | | | | 1 |

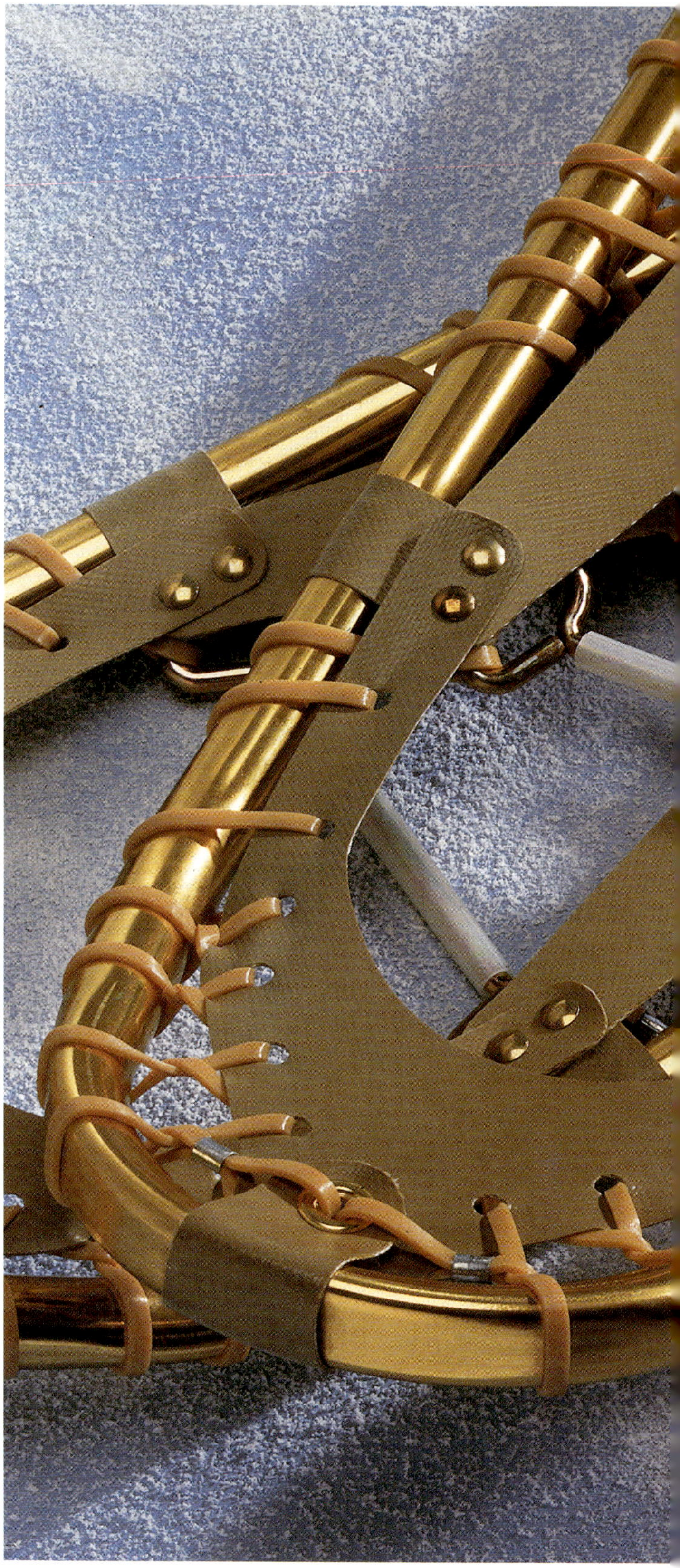

# Herzig
# im Countrylook

### Größe 40

### Material

| Lfd. Nr. | Qualität | Farbe | Verbrauch |
|---|---|---|---|
| 1 | Regia 4fädig | 535 jäger meliert | 100 g |
| 2 | Regia 4fädig | 2002 kirsch | 50 g |

### Nadeln
Nadelspiel Nr. 2 – 3

### Maschenprobe
30 Maschen/42 Reihen glatt rechts = 10 x 10 cm

### Strickmuster
Bündchen: 2 Maschen rechts, 2 Maschen links im
Wechsel stricken.

Glatt rechts: In Uni oder Jacquardtechnik nach Zählmuster in Hinreihen rechts, in Rückreihen links oder in
Runden jede Runde rechts stricken.

### Arbeitsanleitung
64 Maschen (= 16 Maschen pro Nadel) in Farbe 1
anschlagen, 3 cm im Bündchenmuster und anschließend 5 Runden glatt rechts stricken. Dabei in der

1. Runde glatt rechts insgesamt 2 Maschen zunehmen
(= 66 Maschen). Anschließend nach dem Zählmuster
sieben Herzchenreihen stricken (= 35 Runden). Selbstverständlich läßt sich der Schaft durch zusätzliche
Herzchenreihen beliebig verlängern. Nach der letzten
Runde im Jacquardmuster eine Runde in Farbe 1 glatt
rechts stricken und dabei 2 Maschen abnehmen.
Ferse, Fuß und Spitze arbeiten, wie ab Seite 12
beschrieben.
Beide Socken gleich arbeiten.

### Zählmuster

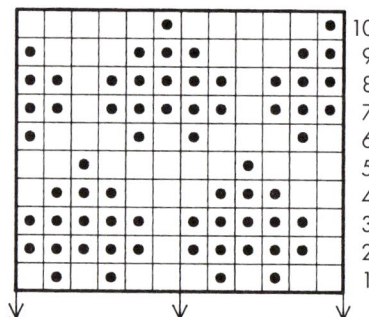

### Zeichenerklärung
(jeweils 1 Masche
rechts)
☐ = jäger meliert 535
⦿ = kirsch 2002

# Der Klassiker: Hahnentrittmuster

**Größe 40**

## Material

| Lfd. Nr. | Qualität | Farbe | Verbrauch |
|---|---|---|---|
| 1 | Regia 4fädig | 1991 hellgrau mel. | 100 g |
| 2 | Regia 4fädig | 2000 königsblau | 50 g |

## Nadeln
Nadelspiel Nr. 2 – 3

## Maschenprobe
30 Maschen/42 Reihen glatt rechts = 10 x 10 cm

## Strickmuster
Bündchen: 2 Maschen rechts, 2 Maschen links im Wechsel stricken

Glatt rechts: In Uni oder Jacquardtechnik nach Zählmuster in Hinreihen rechts, in Rückreihen links oder in Runden jede Runde rechts stricken.

## Arbeitsanleitung
64 Maschen (= 16 Maschen pro Nadel) in Farbe 1 anschlagen und 3 Runden im Bündchenmuster stricken. Zur Farbe 2 wechseln und weitere 12 Runden im Bündchenmuster stricken. In der letzten Runde pro Nadel 2 Maschen zunehmen (= 72 Maschen). Anschließend den Schaft nach Zählmuster stricken. Wenn der Schaft inklusive Bündchen 15 cm hoch ist (oder die gewünschte Höhe erreicht hat) die vorher zugenommenen Maschen über eine Runde verteilt wieder abnehmen (= 64 Maschen). Die Ferse und das Käppchen in Farbe 2 stricken, wie auf Seite 12 beschrieben. Den Fuß und die Spitze in Farbe 1 stricken, wie auf Seite 13/14 beschrieben.
Beide Socken gleich arbeiten.

**Mein Tip:**
Die Farbkombination Blau/Grau wirkt sehr klassisch. Dasselbe Paar Socken kann aber in Pink und Lila, Gelb und Grün oder Schwarz und Rot ausgesprochen poppig aussehen.

## Zählmuster

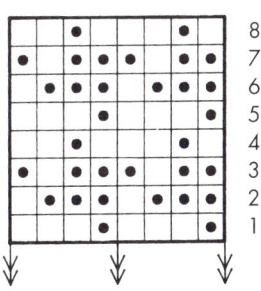

## Zeichenerklärung
(jeweils 1 Masche rechts)
☐ = hellgrau meliert 1991
⊡ = königsblau 2000

# Mäandermuster in Rot

**Größe 40**

### Material

| Lfd. Nr. | Qualität | Farbe | Verbrauch |
|---|---|---|---|
| 1 | Regia 4fädig | 2133 smaragd moul. | 100 g |
| 2 | Regia 4fädig | 2002 kirsch | 50 g |

### Nadeln
Nadelspiel Nr. 2 – 3 und 2 – 2,5 (für den italienischen Anschlag)

### Maschenprobe
30 Maschen/42 Reihen glatt rechts = 10 x 10 cm

### Strickmuster
Bündchen: italienischer Anschlag (siehe Seite 11), anschließend 1 Masche rechts, 1 Masche links im Wechsel stricken.

Glatt rechts: In Uni oder Jacquardtechnik nach Zählmuster in Hinreihen rechts, in Rückreihen links oder in Runden jede Runde rechts stricken.

### Arbeitsanleitung
Die Socken werden mit italienischem Anschlag gearbeitet (siehe Seite 11): 32 Maschen mit einem Hilfsfaden und den dünnsten Nadeln anschlagen und anschließend zu Farbe 2 wechseln. 1 Masche rechts, 1 Umschlag im Wechsel stricken und dabei die Maschen auf 4 Nadeln verteilen. Bis zur fünften Runde weiterstricken, wie auf Seite 11 beschrieben. 5 Runden im Bündchenmuster mit Farbe 1, anschließend weitere 3 Runden mit Farbe 2 stricken. In der letzten Runde 2 Maschen zunehmen. Acht Runden glatt rechts in Farbe 1 stricken, anschließend 1x Mäandermuster A nach Zählvorlage arbeiten. 25 Runden glatt rechts in Farbe 1 stricken, anschließend 2 Runden in Farbe 2 und 4 Runden in Farbe 1. Darauf folgt das Mäandermuster B nach Zählvorlage. Anschließend 4 Runden glatt rechts in Farbe 1, 2 Runden in Farbe 2 und wieder 5 Runden in Farbe 1 stricken. Dabei in der letzten Runde 2 Maschen abnehmen. Ferse, Fuß und Spitze stricken, wie ab Seite 12 beschrieben.
Beide Socken gleich arbeiten.

**Zählmuster A**

**Zählmuster B**

### Zeichenerklärung
(jeweils 1 Masche rechts)
□ = smaragd moul. 2133
⊡ = kirsch 2002

# Modisch auf Zack

Größe 40

## Material

| Lfd. Nr. | Qualität | Farbe | Verbrauch |
|---|---|---|---|
| 1 | Regia 4fädig | 2016 cyclam | 100 g |
| 2 | Regia 4fädig | 2017 pink | 50 g |
| 3 | Regia 4fädig | 2055 hellrosa | 50 g |

## Nadeln

Nadelspiel Nr. 2 – 3

## Maschenprobe

30 Maschen/42 Reihen glatt rechts = 10 x 10 cm

## Strickmuster

Bündchen: 1 Masche rechts, 1 Masche links im Wechsel stricken.

Glatt rechts: In Uni oder Jacquardtechnik nach Zählmuster in Hinreihen rechts, in Rückreihen links oder in Runden jede Runde rechts stricken.

## Arbeitsanleitung

64 Maschen (= 16 Maschen pro Nadel) anschlagen und 3 cm im Bündchenmuster arbeiten. In der letzten Runde pro Nadel 1 Masche zunehmen (= 68 Maschen) und anschließend nach dem Zählmuster weiterarbeiten. Die Farbfolge der Zacken: 1, 2, 3, 2, 1, 2, 3, 2, 1. Wer mag, kann selbstverständlich nach Belieben mehr Zackenreihen stricken. In der letzten Runde pro Nadel wieder 1 Masche abnehmen. Ferse, Fuß und Spitze in Farbe 1 arbeiten, wie ab Seite 12 beschrieben. Beide Socken gleich arbeiten.

## Zählmuster

**Zeichenerklärung**
(jeweils 1 Masche rechts)

□ = cyclam 2016
• = pink 2017
⊠ = hellrosa 2055

# Socken mit Profil

## Zöpfe und andere Reliefstrukturen

# Patente Zöpfe auf Socken und Schal

**Größe 38/39**

### Material für die Socken

| Lfd. Nr. | Qualität | Farbe | Verbrauch |
|---|---|---|---|
| 1 | Regia-Color 4f. | 2179 efeu color | 100 g |

### Material für den Schal

| Lfd. Nr. | Qualität | Farbe | Verbrauch |
|---|---|---|---|
| 1 | Regia 6fädig | 2141 efeu meliert | 650 g |

### Nadeln
Für die Socken: Nadelspiel Nr. 2 – 3
Für den Schal: Stricknadeln Nr. 3 – 4

### Maschenprobe
Socken: 30 Maschen/42 Reihen glatt rechts =
10 x 10 cm
Schal: 22 Maschen/30 Reihen glatt rechts =
10 x 10 cm

### Strickmuster
Grundmuster: Nach der Strickschrift auf Seite 36
arbeiten (gezeichnet sind nur die Hinreihen bzw. die
ungeraden Runden). Den Patentzopf über 12 Maschen
arbeiten. Verkreuzt wird in der 13. und anschließend in
jeder 28. Reihe (Runde). Für das Grundmuster die
1. bis 4. Reihe (Runde) stets wiederholen. In den nicht
gezeichneten geraden Reihen (Runden) die Maschen
stricken, wie sie erscheinen.

Patentmuster in Runden (Socken):
1. Runde: * 1 Masche rechts, 1 Masche mit einem
Umschlag wie zum Linksstricken abheben. Ab * wiederholen.
2. Runde: *Die rechten Maschen mit einem Umschlag
wie zum Linksstricken abheben, die linken Maschen
mit dem Umschlag der vorhergehenden Runde links
zusammenstricken. Ab * wiederholen.
3. Runde: * Die rechten Maschen mit dem Umschlag
der vorhergehenden Runde rechts zusammenstricken,
die linken Maschen mit einem Umschlag wie zum
Linksstricken abheben. Ab * wiederholen.
Die 2. und 3. Runde stets wiederholen.

Patentmuster in Reihen (Schal):
1. Reihe: * 1 Masche rechts, 1 Masche mit einem
Umschlag wie zum Linksstricken abheben. Ab * wiederholen.

2. und alle folgenden Reihen: * Die rechten Maschen
mit dem Umschlag der vorhergendenen Reihe rechts
zusammenstricken, die linken Maschen mit einem
Umschlag wie zum Linksstricken abheben. Ab * wiederholen.

Glatt rechts: In Runden jede Runde rechts stricken; in
Reihen in Hinreihen rechts, in Rückreihen links
stricken.

### Arbeitsanleitung für die Socken

60 Maschen (= 15 Maschen pro Nadel) anschlagen
und im Grundmuster nach der Strickschrift (2x den
Musterrapport) 18 cm oder in der gewünschten Länge
gerade hochstricken. Ferse, Fuß und Spitze arbeiten,
wie ab Seite 12 beschrieben.
Beide Socken gleich arbeiten.

### Arbeitsanleitung für den Schal

110 Maschen anschlagen und nach der Strickschrift
gerade hochstricken: 1 Randmasche, 4x den Musterrapport, 1x die 4 Maschen nach dem Musterrapport,
1 Randmasche. In dieser Aufteilung gerade hochstricken. Der Schal endet nach ca. 180 cm 10 Reihen
nach der letzten Verkreuzung.

### Mein Tip:

Weil das Muster mit den Patentzöpfen auf beiden Seiten gleich erscheint, eignet es sich sowohl für Socken
mit Krempelschaft als auch für den Schal gut.

### Strickschrift

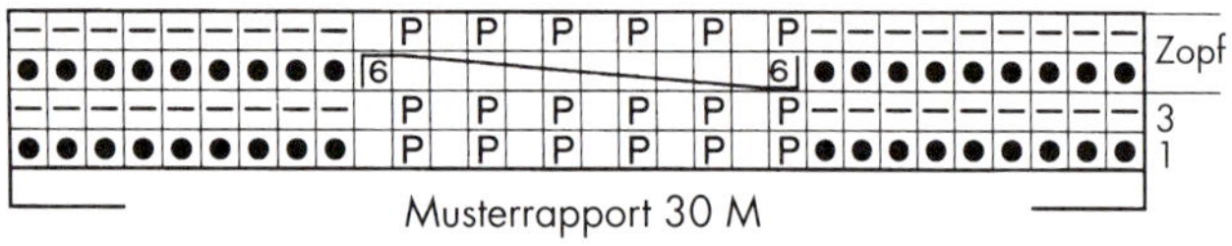

Musterrapport 30 M

### Zeichenerklärung

● = rechte Masche
– = linke Masche
P = rechte Patentmasche
☐ = linke Patentmasche

6 Maschen auf einer Zopfmusternadel vor die Arbeit
legen, die folgenden 6 Maschen im Patentmuster
stricken, dann die Maschen der Zopfmusternadel im
Patentmuster stricken.

# Flotte Wellen

**Größe 38/39**

### Material

| Lfd. Nr. | Qualität | Farbe | Verbrauch |
|---|---|---|---|
| 1 | Regia-Color 4f. | 2160 graffiti königsblau | 100 g |

### Nadeln
Nadelspiel Nr. 2 – 3

### Maschenprobe
30 Maschen/42 Reihen glatt rechts = 10 x 10 cm

### Strickmuster
Bündchen: 1 Masche rechts, 1 Masche links im Wechsel stricken

Glatt rechts: In Runden jede Runde rechts stricken; in Reihen in Hinreihen rechts, in Rückreihen links stricken.

Wellenmuster: Nach der Strickschrift arbeiten. Die Maschenzahl muß durch 12 teilbar sein. Gezeichnet sind nur die ungeraden Runden. In den nicht gezeichneten Runden alle Maschen rechts stricken. Die 1. bis 16. Runde bis zur gewünschten Höhe stets wiederholen.

### Arbeitsanleitung
60 Maschen (= 15 Maschen pro Nadel) anschlagen und 6 Runden im Bündchenmuster stricken. Im Grundmuster nach der Strickschrift (5x den Musterrapport) weiterarbeiten und 18 cm oder in der gewünschten Länge gerade hochstricken. Ferse, Fuß und Spitze glatt rechts stricken, wie ab Seite 12 beschrieben. Das schmale Bündchen kann man nach links einschlagen und festnähen.
Beide Socken gleich arbeiten.

### Strickschrift

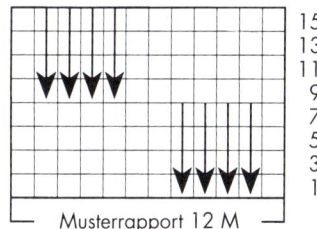

Musterrapport 12 M

### Zeichenerklärung
☐ = rechte Masche

↓ = 8 Runden tiefer stechen, den Querfaden der linken Masche auf die linke Nadel nehmen und mit der folgenden Masche rechts zusammenstricken.

# Im Zickzack zur Spitze

**Größe 38/39**

## Material

| Lfd. Nr. | Qualität | Farbe | Verbrauch |
|---|---|---|---|
| 1 | Regia 4fädig | 600 weiß | 100 g |

## Nadeln

Nadelspiel Nr. 2 – 3

## Maschenprobe

30 Maschen/42 Reihen glatt rechts = 10 x 10 cm

## Strickmuster

Bündchen: Rollrand = 8 Runden rechte Maschen stricken

Grundmuster: Den Schaft nach der Strickschrift arbeiten. Die Maschenzahl muß durch 17 teilbar sein. Gezeichnet sind nur die ungeraden Runden. In den nicht gezeichneten Runden alle Maschen stricken, wie sie erscheinen. Die 1. bis 12. Runde bis zur gewünschten Höhe stets wiederholen.

Glatt rechts: In Runden jede Runde rechts stricken; in Reihen in Hinreihen rechts, in Rückreihen links stricken.

## Arbeitsanleitung

68 Maschen (= 17 Maschen pro Nadel) anschlagen und für den Rollrand 8 Runden glatt rechts stricken. Anschließend den Schaft ca. 18 cm (oder in der gewünschten Höhe nach der Strickschrift arbeiten (= 4x den Rapport stricken). Für die Ferse auf der 1. und 4. Nadel verteilt 4 x 2 Maschen rechts zusammenstricken (= 64 Maschen). Das Fußblatt über die mittleren 20 Maschen (siehe Strickschrift) weiter im Zackenmuster arbeiten. Ferse und Fußsohle glatt rechts arbeiten wie ab Seite 12 beschrieben. Für die Fußspitze werden im Bereich des Zackenmusters 4 x 2 Maschen zusammengestrickt (= 60 Maschen), anschließend wird die Spitze glatt rechts gestrickt (siehe Seite 14). Beide Socken gleich arbeiten.

## Strickschrift

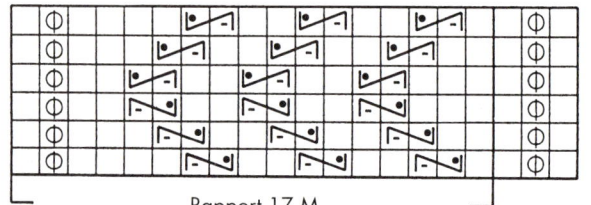

Rapport 17 M

☐ = linke Masche

Φ = rechts verschränkte Masche

⌐⌐ = 1 Masche auf einer Hilfsnadel vor die Arbeit legen, die folgende Masche links stricken, dann die Masche der Hilfsnadel rechts stricken

⌐⌐ = 1 Masche auf einer Hilfsnadel hinter die Arbeit legen, die folgende Masche rechts stricken, dann die Masche der Hilfsnadel links stricken

# Schön verflochten

**Größe 38/39**

## Material

| Lfd. Nr. | Qualität | Farbe | Verbrauch |
|----------|----------|-------|-----------|
| 1 | Regia Color 4f. | 1936 denim-rauchblau | 150 g |

## Nadeln

Nadelspiel Nr. 2 – 3

## Maschenprobe

30 Maschen/42 Reihen glatt rechts = 10 x 10 cm

## Strickmuster

**Grundmuster:** Den Schaft nach der Strickschrift arbeiten. Die Maschenzahl muß durch 10 teilbar sein. Gezeichnet sind nur die ungeraden Runden. In den nicht gezeichneten Runden alle Maschen stricken, wie sie erscheinen. Die 1. bis 16. Runde bis zur gewünschten Höhe stets wiederholen.

**Glatt rechts:** In Runden jede Runde rechts stricken; in Reihen in Hinreihen rechts, in Rückreihen links stricken.

## Arbeitsanleitung

60 Maschen (= 15 Maschen pro Nadel) mit einer Kontrastfarbe anschlagen und 2 oder 3 Runden rechte Maschen stricken. Dann mit der Originalfarbe 6 Runden rechte Maschen stricken. In der folgenden Runde nach jeder Masche die Masche der 1. Runde (= die querliegenden Maschenglieder) auf die Nadel nehmen. Damit hat sich die Maschenzahl verdoppelt (= 120 Maschen). Über diese 120 Maschen den Schaft ca. 18 cm oder in der gewünschten Höhe nach der Strickschrift arbeiten (= 12x den Rapport stricken). Jeweils 2 Maschen zusammenstricken (= 60 Maschen) und Ferse, Fuß und Spitze glatt rechts arbeiten, wie ab Seite 12 beschrieben.
Beide Socken gleich arbeiten.

## Strickschrift

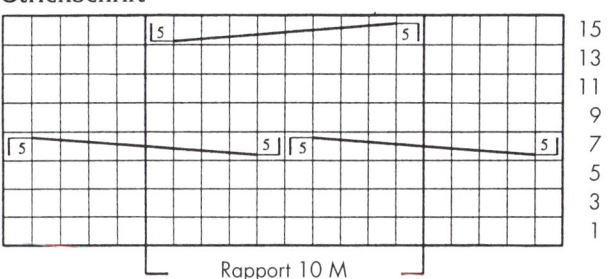

Rapport 10 M

## Zeichenerklärung

☐ = rechte Masche

= 5 Maschen auf einer Zopfmusternadel vor die Arbeit legen, die folgenden 5 Maschen rechts stricken, dann die Maschen der Zopfmusternadel rechts stricken.

= 5 Maschen auf einer Zopfmusternadel hinter die Arbeit legen, die folgenden 5 Maschen rechts stricken, dann die Maschen der Zopfmusternadel rechts stricken.

# Trachtenstrümpfe zur Bundhose

**Größe 42/43**

### Material

| Lfd. Nr. | Qualität | Farbe | Verbrauch |
|---|---|---|---|
| 1 | Regia 4fädig Tweed | 2958 kiesel | 150 g |

### Nadeln

Für das Bündchen Nadelspiel Nr. 2 – 2,5; für das Grundmuster Nadelspiel Nr. 2,5 – 3.

### Maschenprobe

30 Maschen/42 Reihen glatt rechts = 10 x 10 cm

### Strickmuster

Bündchen: 1 Masche rechts, 1 Masche links im Wechsel stricken

Glatt rechts: In Runden jede Runde rechts stricken; in Reihen in Hinreihen rechts, in Rückreihen links stricken.

Grundmuster: In Runden nach Strickschrift stricken. Den Rapport zwischen den Doppelpfeilen fortlaufend wiederholen. Die 1. bis 30. Runde fortlaufend wiederholen.

### Arbeitsanleitung

Mit den Nadeln Nr. 2 – 2,5 insgesamt 80 Maschen (= 20 Maschen pro Nadel) anschlagen und für den Umschlag 10 cm im Bündchenmuster stricken. In der letzten Runde je Nadel 2 Maschen zunehmen (= 22 Maschen pro Nadel). Mit Nadeln Nr. 2,5 – 3,5 im Grundmuster weiterstricken. Rundenbeginn ist die hintere Mitte. Nach 85 Runden (= ca. 20 cm ab dem Bündchenmuster) – das entspricht der 25. Musterrunde in der Strickschrift – für das Wadenabnehmen die 10. Masche auf der 1. Nadel und die 9. Masche auf der 4. Nadel von der rückwärtigen Mitte ausgehend bezeichnen (= die jeweils 1. rechte Masche vor den Längsstreifen aus linken Maschen). In der folgenden Runde bei der 1. Nadel die bezeichnete Masche mit der Masche davor rechts zusammenstricken, bei der 4. Nadel die bezeichnete Masche mit der folgenden Masche überzogen zusammenstricken (1 Masche abheben, die folgende Masche rechts stricken und die abgehobene Masche darüberziehen). Dieses Abnehmen noch 2x in jeder 10. folgenden Runde, 2x in jeder 8. folgenden Runde und 1x in der 4. darauffolgenden Runde wiederholen. Nun noch 2x in jeder 4. folgenden

Runde die bezeichneten Maschen auf der 1. Nadel mit der Masche davor, auf der 4. Nadel mit der Masche danach musterbedingt links zusammenstricken. Auf der 1. und 4. Nadel wurden somit jeweils 8 Maschen abgenommen. Noch 4x in jeder 2. folgenden Runde bei der 1. Nadel die beiden ersten Maschen und bei der 4. Nadel die beiden letzten Maschen links zusammenstricken. Insgesamt wurden 24 Maschen abgenommen. Die Maschen umverteilen: Von der 2. Nadel 6 Maschen auf die 1. Nadel und von der 3. Nadel 6 Maschen auf die 4. Nadel nehmen (= 16 Maschen pro Nadel). In dieser Einteilung weiterstricken. Nach 148 Runden (= 35 cm ab dem Bündchenmuster) Ferse und Fuß stricken, wie ab Seite 12 beschrieben. Dabei bei der 2. und 3. Nadel mit den mittleren 25 Maschen das Grundmuster bis zum Spitzenbeginn und die restlichen Maschen glatt rechts weiterstricken. Die Spitze arbeiten, wie auf Seite 14 beschrieben. Beide Strümpfe gleich arbeiten.

### Strickschrift

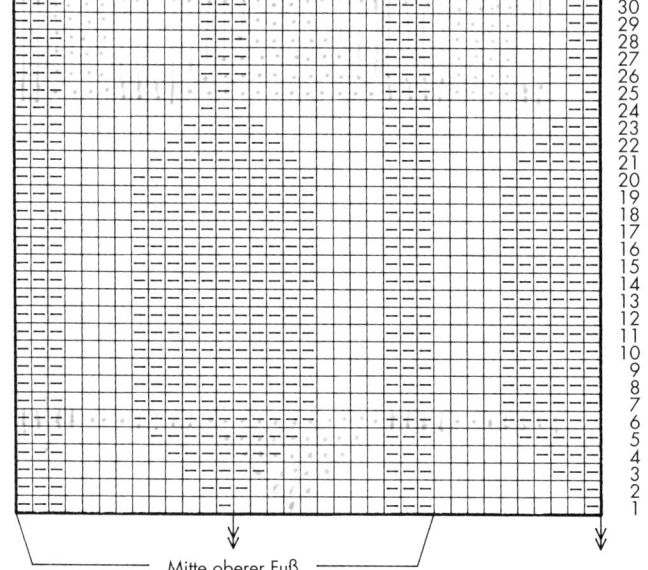

Mitte oberer Fuß

### Zeichenerklärung

□ = 1 rechte Masche
⊟ = 1 linke Masche

# Prachtstücke zur Tracht

**Größe 38/39**

### Material

| Lfd. Nr. | Qualität | Farbe | Verbrauch |
|---|---|---|---|
| 1 | Regia 4fädig | 2143 leinen meliert | 150 g |

### Nadeln
Nadelspiel Nr. 2 – 3

### Maschenprobe
Im Grundmuster: 36 Maschen = 10 cm breit; 39 Runden = 10 cm hoch

### Strickmuster
Mäusezähnchenrand: siehe Seite 11

Grundmuster: In Runden nach Strickschrift 1 arbeiten. Von Pfeil A bis B die rückwärtige Mitte arbeiten, dann von Pfeil B bis C und die vordere Mitte zwischen Pfeil C und D stricken. Anschließend die Muster zwischen Pfeil C und B in gegengleicher Folge stricken. Die unterschiedlichen Mustersatz-Höhen sind mit stärkeren Linien markiert und werden entsprechend oft wiederholt.

### Arbeitsanleitung
96 Maschen (= 24 Maschen pro Nadel) anschlagen und den Mäusezähnchenrand arbeiten, wie auf Seite 11 beschrieben. Im Grundmuster nach Strickschrift 1 weiterarbeiten, dabei in der 1. Runde 2 Maschen zunehmen (= 98 Maschen). Nach 13 cm (=52 Runden) ab Musterbeginn mit dem Wadenabnehmen beginnen: Mit den je 12 Maschen beiderseits der rückwärtigen Mitte (siehe Pfeil x bis O am oberen Rand von Strickschrift 1) die 53. bis 91. Runde nach Strickschrift a bzw. b weiterstricken (= 76 Maschen). Nach weiteren 10 cm (=39 cm) mit der Ferse beginnen (siehe Seite 12). Nach dem Stricken von Ferse und Käppchen aus den Seitenrändern der Ferse je 10 Maschen und aus dem Querglied zwischen 1. und 2. sowie 3. und 4. je 1 Masche auffassen (= je 20 Maschen auf 1. und 4. Nadel). In Runden über alle Maschen weiterstricken, dabei in der 1. Runde je 1 Masche von der 2. und 3. Nadel auf die 1. und 4. Nadel übernehmen (= 21 Maschen auf 1. und 4. Nadel, je 18 Maschen auf 2. und 3. Nadel). Mit den Maschen der 1. und 4. Nadel glatt rechts weiterstricken, mit den ersten 4 Maschen der 2. Nadel und den letzten 4 Maschen der 3. Nadel glatt links stricken und mit den restlichen je 14 Maschen der 2. und 3. Nadel im Muster weiterstricken.

Für das Spickelabnehmen in der 2., 4. und 6. Runde die beiden letzten Maschen der 1. Nadel rechts zusammenstricken und die beiden ersten Maschen der 4. Nadel überzogen zusammenstricken (= 18 Maschen auf jeder Nadel). Nach 13 cm (= 50 Runden) ab Ferse mit allen Maschen glatt rechts weiterstricken, dabei in der 4. Runde mit dem Schlußabnehmen beginnen, wie auf Seite 14 beschrieben. Beide Socken gleich arbeiten.

**Strickschrift**

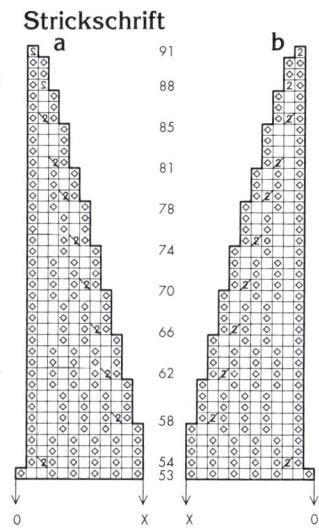

**Strickschrift 1**

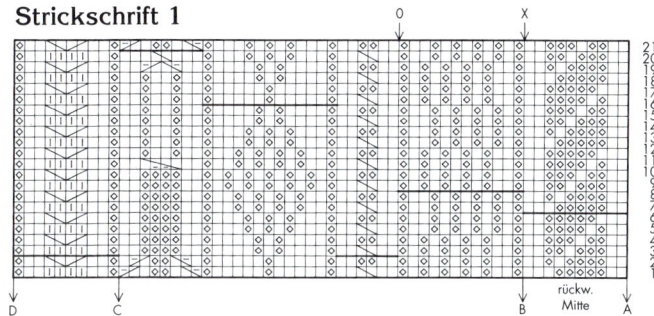

### Zeichenerklärung

⧫ = 1 Masche rechts verdreht

Ⅰ = 1 Masche rechts

☐ = 1 Masche links

◥ = 1 Masche auf einer Hilfsnadel vor die Arbeit legen, 1 Masche rechts, dann die Hilfsnadelmasche rechts stricken

◺ = 1 Masche auf einer Hilfsnadel hinter die Arbeit legen, 1 Masche rechts, dann die Hilfsnadelmasche rechts stricken

◥ = 1 Masche auf einer Hilfsnadel vor die Arbeit legen, 1 Masche links, dann die Hilfsnadelmasche rechts stricken

◺ = 1 Masche auf einer Hilfsnadel hinter die Arbeit legen, 1 Masche rechts, dann die Hilfsnadelmasche links stricken

▭▭ = 1 rechte Masche auf der ersten Hilfsnadel vor die Arbeit legen, folgende 2 linke Maschen auf einer 2. Hilfsnadel hinter die Arbeit legen, 1 Masche rechts, die Maschen der 2. Hilfsnadel links, die Masche der 1. Hilfsnadel rechts stricken

Ⓩ = 2 Maschen links zusammenstricken

② = 2 Maschen rechts zusammenstricken

Ⓢ = 2 Maschen rechts verdreht zusammenstricken

43

# Luftige Maschen

Lochmuster –
nicht nur für den Sommer

# Bildschön
# und romantisch

## Modell I (Foto S. 44/45, hinten)

### Größe 38/39

### Material

| Lfd. Nr. | Qualität | Farbe | Verbrauch |
|---|---|---|---|
| 1 | Spring | 20 gelb meliert | 100 g |

### Nadeln
Nadelspiel Nr. 2 – 3

### Maschenprobe
30 Maschen/42 Reihen glatt rechts = 10 x 10 cm

### Strickmuster
Kraus: 1 Runde linke Maschen, 1 Runde rechte Maschen im Wechsel stricken.

Glatt rechts: In Runden jede Runde rechts stricken; in Reihen in Hinreihen rechts, in Rückreihen links stricken.

Grundmuster: In Runden nach der Strickschrift stricken, dabei vom Rundenbeginn bis zum folgenden Doppelpfeil stricken, dann den Rapport zwischen den Doppelpfeilen fortlaufend wiederholen. Gezeichnet sind nur die ungeraden Runden. In geraden Runden alle Maschen und Umschläge rechts stricken. Die 1. bis 8. Runde fortlaufend wiederholen.

### Arbeitsanleitung
60 Maschen (= 15 Maschen pro Nadel) anschlagen und 3 Runden kraus, dann im Grundmuster stricken. Rundenbeginn ist in der hinteren Mitte. Nach ca. 18 cm Schafthöhe Ferse, Fuß und Spitze arbeiten, wie ab Seite 12 beschrieben. Dabei mit den mittleren 26 Maschen der 2. und 3. Nadel das Grundmuster bis zum Spitzenbeginn, mit den restlichen Maschen glatt rechts weiterstricken.
Beide Socken gleich arbeiten.

### Strickschrift

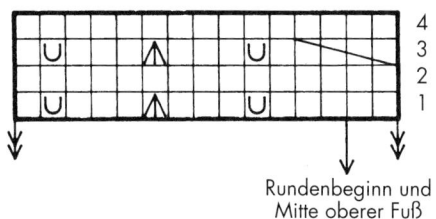

Rundenbeginn und
Mitte oberer Fuß

### Zeichenerklärung
☐ = 1 rechte Masche
Ս = 1 Umschlag
⊼ = 2 Maschen wie zum rechts Zusammenstricken abheben, folgende Masche rechts stricken und die abgehobenen Maschen so darüberziehen, daß die mittlere Masche obenaufliegt
⎓⎓⎓ = 2 Maschen auf einer Hilfsnadel vor die Arbeit legen, 2 Maschen rechts, dann die 2 Hilfsnadelmaschen rechts stricken.

## Modell II (Foto S. 44/45, Mitte)

### Größe 37/38

### Material

| Lfd. Nr. | Qualität | Farbe | Verbrauch |
|---|---|---|---|
| 1 | Spring | 55 pfau meliert | 100 g |

### Nadeln
Nadelspiel Nr. 2 – 3

### Maschenprobe
30 Maschen/42 Reihen glatt rechts = 10 x 10 cm

### Strickmuster
Bundmuster: 3 Runden rechte Maschen stricken, 1 Lochreihe (= 2 Maschen rechts zusammenstricken, 1 Umschlag im Wechsel). Noch einmal 3 Runden rechte Maschen stricken.

Grundmuster: Den Schaft nach der Strickschrift arbeiten, dabei den Mustersatz von 5 Maschen stets wiederholen. In den nicht gezeichneten Runden alle Maschen und Umschläge rechts stricken. Die 1. bis 4. Runde bis zur gewünschten Höhe stets wiederholen.

Glatt rechts: In Runden jede Runde rechts stricken; in Reihen in Hinreihen rechts, in Rückreihen links stricken.

### Arbeitsanleitung
64 Maschen (= 16 Maschen pro Nadel) anschlagen und die 7 Runden des Bundmusters stricken. Danach 1 Runde rechte Maschen stricken und dabei 1 Masche zunehmen (= 65 Maschen). Den Schaft im Lochmuster nach der Strickschrift ca. 18 cm hoch (oder in der

gewünschten Höhe) arbeiten. Vor Beginn der Ferse 1 Runde rechte Maschen stricken, dabei über die Runde verteilt 5 Maschen abnehmen (= 60 Maschen). Ferse, Fuß und Spitze stricken, wie ab Seite 12 beschrieben. Dabei über die mittleren 22 Maschen der 2. und 3. Nadel ohne Abnahmen bis zur Fußspitze nach der Strickschrift arbeiten (Maschenzahl teilbar durch 5 plus 2 Maschen). Mit der 1. und 4. Nadel glatt rechts stricken. Auch die Spitze glatt rechts stricken. Beide Socken gleich arbeiten.

## Strickschrift

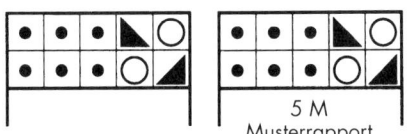

## Zeichenerklärung

• = 1 rechte Masche
○ = 1 Umschlag
◢ = 2 Maschen rechts zusammenstricken
◣ = 2 Maschen rechts überzogen zusammenstricken

# Modell III (Foto S. 44/45, vorne)

## Größe 38/39

## Material

| Lfd. Nr. | Qualität | Farbe | Verbrauch |
|---|---|---|---|
| 1 | Spring | 16 mahagoni mel. | 100 g |

## Nadeln
Nadelspiel Nr. 2 – 3

## Maschenprobe
30 Maschen/42 Reihen glatt rechts = 10 x 10 cm

## Strickmuster
Glatt rechts: In Runden jede Runde rechts stricken; in Reihen in Hinreihen rechts, in Rückreihen links stricken.

Grundmuster: In ungeraden Runden nach Strickschrift stricken, dabei den Rapport zwischen den Doppelpfeilen fortlaufend wiederholen. In geraden Runden alle Maschen und Umschläge rechts stricken.

## Arbeitsanleitung
66 Maschen anschlagen und den Mäusezähnchenrand (siehe Seite 11) stricken:

1.–6. Runde: Glatt rechts.
7. Runde: * 1 Umschlag, 2 Maschen rechts zusammenstricken. Ab * fortlaufend wiederholen.
8.–13. Runde glatt rechts.
Danach 1 Runde links, 2 Runden rechts, 1 Lochrunde wie in der 7. Runde, 2 Runden rechts, 1 Runde links. Anschließend im Grundmuster weiterstricken. Rundenbeginn ist in der hinteren Mitte. Nach ca. 15 cm Grundmusterhöhe 1 Runde rechts stricken und dabei verteilt 6 Maschen abnehmen (= 15 Maschen je Nadel). Nun Ferse, Fuß und Spitze glatt rechts arbeiten, wie ab Seite 12 beschrieben. Den Mäusezähnchenrand zur Hälfte nach innen umlegen und annähen. Beide Socken gleich arbeiten.

## Strickschrift

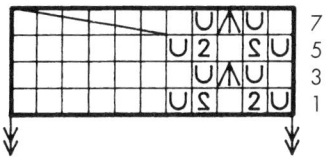

## Zeichenerklärung
☐ = 1 rechte Masche
Ⓤ = 1 Umschlag (in folgender Runde 1 rechte Masche)
② = 2 Maschen rechts zusammenstricken
Ⓢ = 2 Maschen rechts überzogen zusammenstricken: 1 Masche abheben, folgende Masche rechts stricken und die abgehobene Masche darüberziehen.
⋀ = 2 Maschen wie zum rechts Zusammenstricken abheben, folgende Masche rechts stricken und die abgehobenen Maschen so darüberziehen, daß die mittlere Masche obenaufliegt
⬚⬚⬚ = 3 Maschen auf einer Hilfsnadel vor die Arbeit legen, 3 Maschen rechts, dann die 3 Hilfsnadelmaschen rechts stricken

# Zarte Töne

## Modell I (Foto rechts, hinten)

### Größe 38/39

### Material

| Lfd. Nr. | Qualität | Farbe | Verbrauch |
|---|---|---|---|
| 1 | Spring | 35 fuchsia | 100 g |

### Nadeln
Nadelspiel Nr. 2 – 3

### Maschenprobe
30 Maschen/42 Reihen glatt rechts = 10 x 10 cm

### Strickmuster
Mäusezähnchenrand:
1.–6. Runde: Rechte Maschen stricken.
7. Runde: *2 Maschen rechts zusammenstricken,
1 Umschlag. Ab* fortlaufend wiederholen.
8.–13. Runde: Rechte Maschen stricken.

Grundmuster: In der 1. und 3. Runde nach Strickschrift stricken, in der 2. und 4. Runde die Maschen
wie sie erscheinen, die Umschläge rechts stricken.
Den Mustersatz zwischen den beiden Doppelpfeilen
fortlaufend wiederholen. Die 1. bis 4. Runde fortlaufend wiederholen.

Glatt rechts: In Runden jede Runde rechts stricken; in
Reihen in Hinreihen rechts, in Rückreihen links
stricken.

### Arbeitsanleitung
60 Maschen (= 15 Maschen pro Nadel) anschlagen
und den Mäusezähnchenrand arbeiten. Anschließend
für den Schaft 10 cm im Grundmuster stricken. Ferse,
Fuß und Spitze glatt rechts stricken, wie ab Seite 12
beschrieben. Den Mäusezähnchenrand an der Lochreihe nach innen umlegen und festnähen.
Beide Socken gleich arbeiten.

### Strickschrift

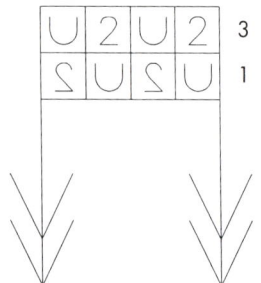

### Zeichenerklärung
$\boxed{U}$ = Umschlag
$\boxed{2}$ = 2 Maschen rechts
      zusammenstricken
$\boxed{2}$ = 2 Maschen überzogen
      zusammenstricken

## Modell II (Foto oben, Mitte)

### Größe 38/39

Modell II unterscheidet sich von Modell I nur durch den
Rollrand statt der Mäusezähnchen.

### Material

| Lfd. Nr. | Qualität | Farbe | Verbrauch |
|---|---|---|---|
| 1 | Spring | 16 mahagoni mel. | 100 g |

### Nadeln
Nadelspiel Nr. 2 – 3

### Maschenprobe
30 Maschen/42 Reihen glatt rechts = 10 x 10 cm

# Modell III (Foto links, vorne)

## Größe 38/39

### Material

| Lfd. Nr. | Qualität | Farbe | Verbrauch |
|---|---|---|---|
| 1 | Spring | 03 sahara meliert | 100 g |

### Nadeln
Nadelspiel Nr. 2 – 3

### Maschenprobe
30 Maschen/42 Reihen glatt rechts = 10 x 10 cm

### Strickmuster
Mäusezähnchenrand:
1.–6. Runde: Rechte Maschen stricken.
7. Runde: *2 Maschen rechts zusammenstricken,
1 Umschlag. Ab* fortlaufend wiederholen.
8.–13. Runde: Rechte Maschen stricken.

### Grundmuster:
1. Runde: Nach Strickschrift stricken, dabei den Mustersatz zwischen den beiden Doppelpfeilen fortlaufend wiederholen.
2. Runde: Die Maschen wie sie erscheinen, die Umschläge links stricken.
Die 1. und 2. Runde fortlaufend wiederholen.

Glatt rechts: In Runden jede Runde rechts stricken; in Reihen in Hinreihen rechts, in Rückreihen links stricken.

### Arbeitsanleitung
60 Maschen (= 15 Maschen pro Nadel) anschlagen und den Mäusezähnchenrand arbeiten. Anschließend für den Schaft 12 cm im Grundmuster stricken. Ferse, Fuß und Spitze glatt rechts stricken, wie ab Seite 12 beschrieben. Den Mäusezähnchenrand an der Lochreihe nach innen umlegen und festnähen.
Beide Socken gleich arbeiten.

### Strickschrift

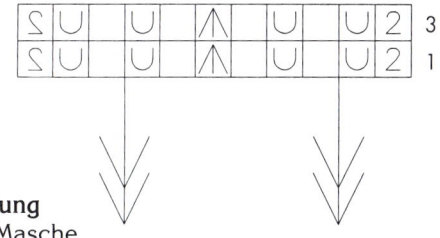

### Zeichenerklärung
☐ = 1 rechte Masche
Ս = 1 Umschlag (in folgender Runde 1 rechte Masche)
② = 2 Maschen rechts zusammenstricken
Ֆ = 2 Maschen rechts überzogen zusammenstricken: 1 Masche abheben, folgende Masche rechts stricken und die abgehobene Masche darüberziehen.
Ո = 2 Maschen wie zum rechts Zusammenstricken abheben, folgende Masche rechts stricken und die abgehobenen Maschen so darüberziehen, daß die mittlere Masche obenaufliegt

### Strickmuster
Grundmuster: In der 1. und 3. Runde nach Strickschrift (wie Modell I) stricken, in der 2. und 4. Runde die Maschen stricken wie sie erscheinen, die Umschläge rechts stricken. Den Mustersatz zwischen den beiden Doppelpfeilen fortlaufend wiederholen. Die 1. bis 4. Runde fortlaufend wiederholen.

Glatt rechts: In Runden jede Runde rechts stricken; in Reihen in Hinreihen rechts, in Rückreihen links stricken.

### Arbeitsanleitung
60 Maschen (= 15 Maschen pro Nadel) anschlagen und für den Rollrand 16 Runden rechte Maschen stricken. Anschließend für den Schaft 10 cm im Grundmuster stricken. Ferse, Fuß und Spitze glatt rechts arbeiten, wie ab Seite 12 beschrieben. Beide Socken gleich arbeiten.

# Rustikale Zöpfe

**Größe 38/39**

## Material

| Lfd. Nr. | Qualität | Farbe | Verbrauch |
|---|---|---|---|
| 1 | Spring | 17 mahagoni mouliné | 100 g |

## Nadeln
Nadelspiel Nr. 2 – 3

## Maschenprobe
30 Maschen/42 Reihen glatt rechts = 10 x 10 cm

## Strickmuster
Kraus: 1 Runde links, 1 Runde rechts im Wechsel stricken.

Glatt rechts: In Runden jede Runde rechts stricken; in Reihen in Hinreihen rechts, in Rückreihen links stricken.

Grundmuster: In Runden nach Strickschrift arbeiten, dabei den Rapport zwischen den Doppelpfeilen fortlaufend wiederholen. 1x die 1. bis 21. Runde stricken, dann die 2. bis 20. Runde fortlaufend wiederholen.

## Arbeitsanleitung
64 Maschen (= 16 Maschen pro Nadel) anschlagen und den Rand stricken (Rundenbeginn ist in der hinteren Mitte):
1.–5. Runde: Kraus stricken.
6. Runde: Rechte Maschen stricken.
7. Runde: * 1 Umschlag, 2 Maschen rechts zusammenstricken. Ab * fortlaufend wiederholen.
8. und 9. Runde: Rechte Maschen stricken.
10.–14. Runde: Kraus, dabei in der letzten Runde auf der 1. Nadel 1 Masche zunehmen.
Anschließend im Grundmuster weiterstricken. Nach ca. 13 cm Grundmusterhöhe 1 Runde rechts stricken und dabei verteilt 5 Maschen abnehmen (= 15 Maschen pro Nadel). Nun Ferse, Fuß und Spitze glatt rechts arbeiten, wie ab Seite 12 beschrieben.
Beide Socken gleich arbeiten.

## Strickschrift

## Zeichenerklärung
☑ = 2 Maschen rechts zusammenstricken
⑤ = 2 Maschen rechts überzogen zusammenstricken: 1 Masche abheben, folgende Masche rechts stricken und die abgehobene Masche darüberziehen
☐ = 1 rechte Masche
⊟ = 1 linke Masche
Ⓤ = 1 Umschlag (in folgender Runde 1 rechte Masche)
⬚⬚⬚⬚ = 3 Maschen auf einer Hilfsnadel vor die Arbeit legen, 3 Maschen rechts, dann die 3 Hilfsnadelmaschen rechts stricken

# Lochrippen
# für Globetrotter

## Größe 40

## Material

| Lfd. Nr. | Qualität | Farbe | Verbrauch |
|---|---|---|---|
| 1 | Regia 4fädig | 2148 polar | 100 g |

## Nadeln
Nadelspiel Nr. 2 – 3

## Maschenprobe
30 Maschen/42 Reihen glatt rechts = 10 x 10 cm

## Bündchenmuster
2 Maschen rechts, 3 Maschen links im Wechsel
stricken. Die Runde beginnt mit 2 Maschen rechts.
Wenn das Bündchen umgeschlagen wird, erscheinen
die linken Maschen außen als rechte Maschen.

## Grundmuster
Glatt rechts: In Runden jede Runde rechts stricken; in
Reihen in Hinreihen rechts, in Rückreihen links
stricken.

Schaftmuster: siehe Strickschrift

## Arbeitsanleitung
64 Maschen (= 16 Maschen pro Nadel) anschlagen
und 4 cm im Bündchenmuster stricken. Anschließend
nach der Strickschrift weiterarbeiten. Die Runden
beginnen mit 2 Maschen links. Wenn der Schaft die
gewünschte Höhe erreicht hat (bei den abgebildeten
Socken 17 cm) Ferse, Fuß und Spitze arbeiten, wie ab
Seite 12 beschrieben.
Beide Socken gleich arbeiten.

## Strickschrift

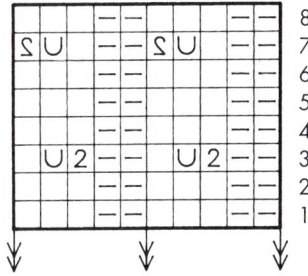

## Zeichenerklärung
☐ = 1 rechte Masche
Ⓤ = 1 Umschlag
② = 2 Maschen rechts zusammenstricken
Ⓢ = 2 Maschen rechts überzogen zusammenstricken:
— = 1 linke Masche

# Zopfmuster für Könner

**Größe 38/39**

### Material

| Lfd. Nr. | Qualität | Farbe | Verbrauch |
|---|---|---|---|
| 1 | Regia 4fädig | 2143 leinen mel. | 100 g |

### Nadeln
Nadelspiel Nr. 2 – 3

### Maschenprobe
30 Maschen/42 Reihen glatt rechts = 10 x 10 cm

### Strickmuster
Umschlagmuster: In jeder Runde nach Strickschrift unterhalb der Trennungslinie stricken. Die 1. bis 4. Runde fortlaufend wiederholen.

Grundmuster für den Schaft: In jeder Runde nach der Strickschrift oberhalb der Trennungslinie stricken. Die 1. bis 8. Runde fortlaufend wiederholen.

Glatt rechts: In Runden jede Runde rechts stricken; in Reihen in Hinreihen rechts, in Rückreihen links stricken.

### Arbeitsanleitung
72 Maschen (= 18 Maschen pro Nadel) anschlagen und ca. 7 cm im Umschlagmuster stricken. Die Arbeit wenden und in entgegengesetzter Richtung 1 Runde rechte Maschen, dann im Schaftmuster ca. 15 cm stricken. Danach von der 2. Nadel 1 Masche auf die 1. Nadel und von der 3. Nadel 1 Masche auf die 4. Nadel übernehmen (= je 17 Maschen auf der 2. und 3. Nadel, je 19 Maschen auf der 1. und 4. Nadel) Ferse, Fuß und Spitze arbeiten, wie ab Seite 12 beschrieben. Mit der 2. und 3. Nadel im Schaftmuster weiterstricken, mit der 1. und 3. Nadel glatt rechts weiterstricken. Die Ferse 30 Reihen hoch stricken, dabei in der 1. Reihe über jedem Zopf 2 Maschen abnehmen (= 34 Fersenmaschen). Die Spitze glatt rechts stricken. Den Umschlag ca. 6 cm breit nach außen umlegen. Beide Socken gleich arbeiten.

## Strickschrift

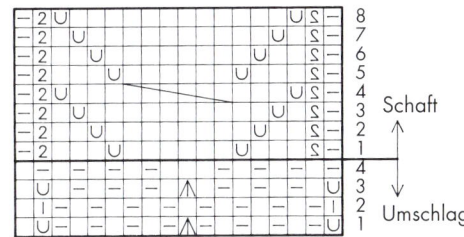

Je Nadel 18 Maschen

## Zeichenerklärung

☐| = 1 Masche rechts

☐ = 1 Masche rechts verdreht

⊟ = 1 Masche links

⊍ = 1 Umschlag

☐2 = 2 Maschen rechts zusammenstricken

☐2 = 2 Maschen rechts verdreht zusammenstricken

⋀ = 2 Maschen zusammen rechts abheben, folgende Masche rechts stricken und die abgehobenen Maschen so darüberziehen, daß die mittlere Masche obenaufliegt

▭▭▭▭ = 3 Maschen auf einer Hilfsnadel vor die Arbeit legen, folgende 3 Maschen rechts verdreht, dann die 3 Hilfsnadelmaschen rechts verdreht stricken

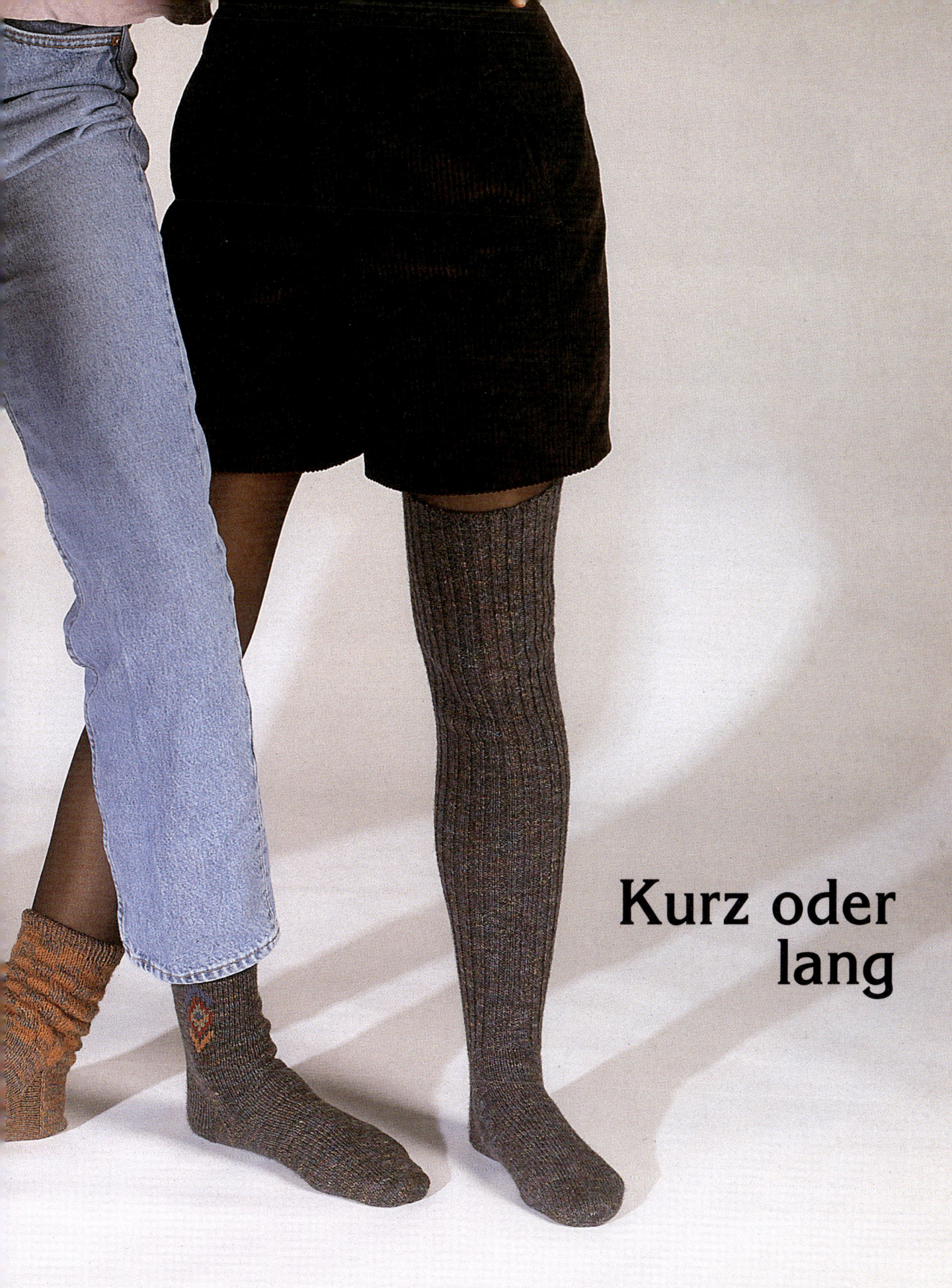

**Kurz oder lang**

# Witzige Modelle für junge Leute

letzte Masche der 4. Nadel stets glatt rechts weiterstricken. Dieses Abnehmen noch 12x in jeder 6. folgenden Runde und 11x in jeder 4. folgenden Runde wiederholen (= 48 abgenommene Maschen = 60 Maschen). Die verbliebenen 60 Maschen auf 4 Nadeln verteilen (= 15 Maschen pro Nadel). Im Bündchenmuster weiterstricken. Nach insgesamt 56 cm Schaftlänge Ferse, Fuß und Spitze glatt rechts stricken, wie ab Seite 12 beschrieben.
Beide Strümpfe gleich arbeiten.

## Overknees mit Jacquardmuster

(Foto S. 54/55, links) Größe 38/39

### Material

| Lfd. Nr. | Qualität | Farbe | Verbrauch |
|---|---|---|---|
| 1 | Regia Color 4f. | 2186 schwarz col. | 200 g |
| 2 | Regia 4fädig | 2045 chianti | Rest |
| 3 | Regia 4fädig | 2145 nougat | Rest |
| 4 | Regia 4fädig | 2147 weide | Rest |
| 5 | Regia 4fädig | 1996 jeansblau | Rest |

### Nadeln

Nadelspiel Nr. 2 – 3

### Maschenprobe

30 Maschen/42 Reihen glatt rechts = 10 x 10 cm

### Strickmuster

Bündchen: 2 Maschen rechts, 2 Maschen links im Wechsel stricken, dabei jede Runde mit 1 Masche rechts beginnen und beenden.

Glatt rechts: In Runden jede Runde rechts stricken; in Reihen in Hinreihen rechts, in Rückreihen links stricken.

Jacquardmuster: Glatt rechts in Norwegertechnik in Farbe 1 bis 5 nach Zählmuster; 1x die 1. bis 45. Runde stricken.

### Arbeitsanleitung

108 Maschen (=27 Maschen pro Nadel) anschlagen, 3 cm im Bündchenmuster und anschließend 45 Runden (= ca. 11 cm) im Jacquardmuster stricken. Danach in Farbe 1 im Bündchenmuster weiterstricken. Nach 25 cm Länge ab Anschlag mit dem Wadenabnehmen beginnen: Zu Beginn der 1. Nadel die 1. Masche abheben, die folgende Masche rechts stricken und die abgehobene Masche darüberziehen und am Ende der 4. Nadel die beiden letzten Maschen rechts zusammenstricken. Die erste Masche der 1. Nadel und die

## Zählmuster

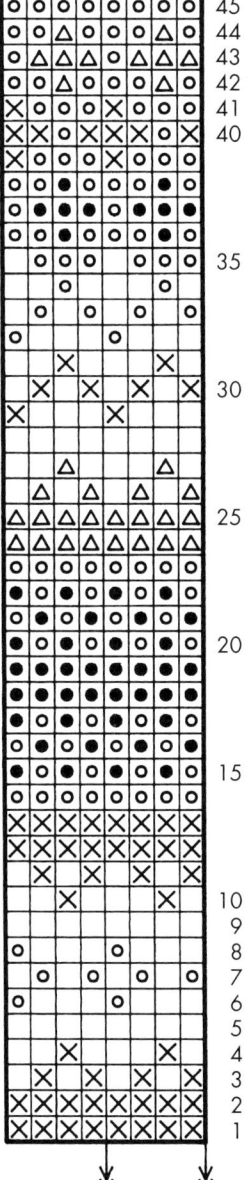

### Zeichenerklärung

◉ = 1 Masche in 1. Farbe
⊠ = 1 Masche in 2. Farbe
☐ = 1 Masche in 3. Farbe
⊡ = 1 Masche in 4. Farbe
⊡ = 1 Masche in 5. Farbe

# Dicke Zöpfe für warme Knöchel

(Foto S. 54/55, 3. von links) Größe 38/39

## Material

| Lfd. Nr. | Qualität | Farbe | Verbrauch |
|---|---|---|---|
| 1 | Regia Color 4f. | 2185 königsblau col. | 150 g |

## Nadeln
Für den Schaft: Nadelspiel Nr. 3 – 4; für den Fuß
Nadelspiel Nr. 2 – 3

## Maschenprobe
Mit Nadeln Nr. 3 – 4 und doppeltem Faden im Grundmuster: 30 Maschen/29 Runden = 10 x 10 cm

## Strickmuster
Bündchen: 1 Masche rechts, 1 Masche links im Wechsel stricken

Glatt rechts: In Runden jede Runde rechts stricken; in Reihen in Hinreihen rechts, in Rückreihen links stricken.

Grundmuster: In Runden nach Strickschrift stricken, dabei den Mustersatz zwischen den Doppelpfeilen fortlaufend wiederholen. 1x die 1. bis 6. Runde stricken, dann die 3. bis 6. Runde fortlaufend wiederholen.

**Achtung! Der Schaft wird mit doppeltem Faden, der Fuß mit einfachem Faden gestrickt!**

## Arbeitsanleitung
60 Maschen (=15 Maschen pro Nadel) mit dem Nadelspiel Nr. 3 – 4 und doppeltem Faden anschlagen. Im Bündchenmuster 3 cm und im Grundmuster nach Strickschrift 21 cm stricken. Anschließend mit einfachem Faden und Nadeln Nr. 2 – 3 Ferse, Fuß und Spitze arbeiten, wie ab Seite 12 beschrieben. Beide Socken gleich arbeiten.

## Strickschrift
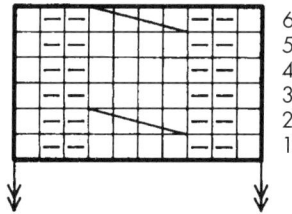

## Zeichenerklärung
☐ = 1 rechte Masche
⊟ = 1 linke Masche
▦ = 2 Maschen auf einer Hilfsnadel vor die Arbeit legen, folgende 2 Maschen rechts, dann die beiden Hilfsnadelmaschen rechts stricken.

# Feine Ringel

(Foto S. 54/55, 2. von links) Größe 38/39

## Material

| Lfd. Nr. | Qualität | Farbe | Verbrauch |
|---|---|---|---|
| 1 | Regia Color 4f. | 2184 burgund c. | Rest |
| 2 | Regia Color 4f. | 2185 königsblau c. | 50 g |
| 3 | Regia Color 4f. | 2181 nougat color | Rest |
| 4 | Regia Color 4f. | 2187 tanne color | Rest |
| 5 | Regia Color 4f. | 2186 schwarz color | Rest |

## Nadeln
Nadelspiel Nr. 2 – 3

## Maschenprobe
30 Maschen/42 Reihen glatt rechts = 10 x 10 cm

## Strickmuster
Bündchen: 1 Masche rechts, 1 Masche links im Wechsel stricken

Glatt rechts: In Runden jede Runde rechts stricken; in Reihen in Hinreihen rechts, in Rückreihen links stricken.

Grundmuster: Glatt rechts in der Farbfolge stricken. Farbfolge: * Je 3 Nadeln in 1., 2., 3., 4. und 5. Farbe stricken, dabei jedesmal den Faden auf der Arbeitsrückseite hängen lassen. Die Farbfolge ab * fortlaufend wiederholen. Ist die letzte Farbe abgestrickt, wird der genau darunterhängende Faden der 1. Farbe hochgeholt, die nächsten 3 Nadeln werden gestrickt. Danach wird der darunterliegende Faden der 2. Farbe hochgeholt usw.

## Arbeitsanleitung
60 Maschen (= 15 Maschen pro Nadel) anschlagen. 2 cm im Bündchenmuster und 15 cm im Grundmuster in der Farbfolge stricken. Ferse, Fuß und Spitze glatt rechts stricken, wie ab Seite 12 beschrieben. Die Ferse wird in Farbe 3, der Mittelfuß in Farbe 2 und die Spitze in Farbe 1 gestrickt. Beide Socken gleich arbeiten.

# Karos – modisch geschoppt

(Foto rechts, 2. von rechts) Größe 38/39

**Material**

| Lfd. Nr. | Qualität | Farbe | Verbrauch |
|---|---|---|---|
| 1 | Regia Color 4f. | 2181 nougat color | 50 g |
| 2 | Regia 4fädig | 2145 nougat | 50 g |

**Nadeln**

Nadelspiel Nr. 2 – 3

**Maschenprobe**

Im Grundmuster 27 Maschen/35 Runden =
10 x 10 cm

**Strickmuster**

Bündchen: 1 Masche rechts, 1 Masche links im Wechsel stricken.

Glatt rechts: In Runden jede Runde rechts stricken; in Reihen in Hinreihen rechts, in Rückreihen links stricken.

Grundmuster: Glatt rechts in Norwegertechnik in Farbe 1 und 2 stricken.
1.–6. Runde: * 5 Maschen in Farbe 2, 5 Maschen in Farbe 1. Ab * fortlaufend wiederholen.
7.–12. Runde: * 5 Maschen in Farbe 1, 5 Maschen in Farbe 2. Ab * fortlaufend wiederholen.
Die 1. bis 12. Runde fortlaufend wiederholen.

**Arbeitsanleitung**

60 Maschen (= 15 Maschen pro Nadel) anschlagen und 2,5 cm im Bündchenmuster, 48 Runden (= ca. 14 cm) im Grundmuster in Farbe 1 und 2 und 2 Runden glatt rechts in Farbe 1 stricken. Ferse, Fuß und Spitze in Farbe 1 stricken, wie ab Seite 12 beschrieben. Beide Socken gleich arbeiten.

# Phantasie-Motiv zu Jeans

(Foto S. 54/55, 2. von rechts) Größe 38/39

**Material**

| Lfd. Nr. | Qualität | Farbe | Verbrauch |
|---|---|---|---|
| 1 | Regia Color 4f. | 2187 tanne color | 100 g |
| 2 | Regia 4fädig | 1996 jeansblau | Rest |
| 3 | Regia 4fädig | 2045 chianti | Rest |
| 4 | Regia 4fädig | 2147 weide | Rest |
| 5 | Regia 4fädig | 2145 nougat | Rest |

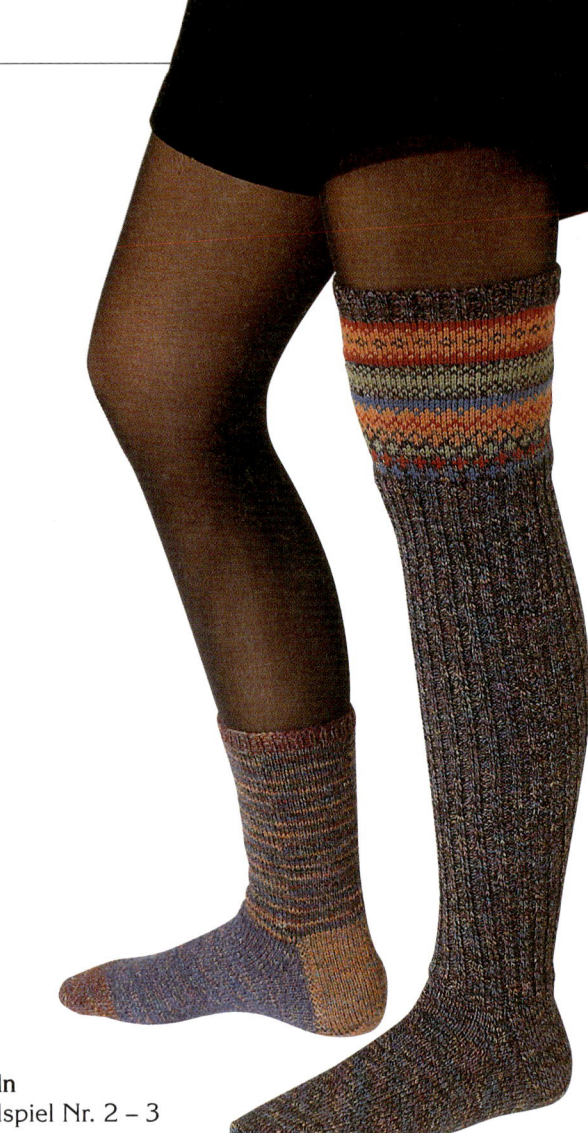

**Nadeln**

Nadelspiel Nr. 2 – 3

**Maschenprobe**

30 Maschen/42 Reihen glatt rechts = 10 x 10 cm

**Strickmuster**

Bündchen: 1 Masche rechts, 1 Masche links im Wechsel stricken

Glatt rechts: In Runden jede Runde rechts stricken; in Reihen in Hinreihen rechts, in Rückreihen links stricken.

**Arbeitsanleitung**

Rechter Socken: 60 Maschen (= 15 Maschen pro Nadel) in Farbe 1 anschlagen. 3 cm im Bündchenmuster und 15 cm glatt rechts bis zum Fersenbeginn stricken. Ferse, Fuß und Spitze glatt rechts stricken, wie ab Seite 12 beschrieben. Das Ornament nach dem Zählmuster auf der Schaftaußenseite im Maschenstich aufsticken.
Den linken Socken gegengleich arbeiten.

**Mein Tip:**
Nach diesem Prinzip kann man alle glatt rechts gestrickten Socken mit Ornamenten oder Motiven im Maschenstich aufpeppen. Die Socken sind so ganz schnell gestrickt, und für die Stickerei lassen sich alle Strickgarnreste aufbrauchen. Die Maschenzahlen und die Fußlängen für andere Größen stehen in der Tabelle auf Seite 15.

# Je länger, je wärmer

(Foto links, ganz rechts) Größe 38/39

### Material

| Lfd. Nr. | Qualität | Farbe | Verbrauch |
|---|---|---|---|
| 1 | Regia Color 4f. | 2180 anthrazit c. | 200 g |

### Nadeln
Nadelspiel Nr. 2 – 3

### Maschenprobe
30 Maschen/42 Reihen glatt rechts = 10 x 10 cm

### Strickmuster
Bündchen: 2 Maschen rechts, 2 Maschen links im Wechsel stricken

Glatt rechts: In Runden jede Runde rechts stricken; in Reihen in Hinreihen rechts, in Rückreihen links stricken.

### Arbeitsanleitung
108 Maschen (=27 Maschen je Nadel) anschlagen und im Bündchenmuster stricken. Nach 25 cm Länge ab Anschlag mit dem Wadenabnehmen beginnen: Zu Beginn der ersten Nadel die 1. Masche abheben, die folgende Masche rechts stricken und die abgehobene Masche darüberziehen. Am Ende der 4. Nadel die beiden letzten Maschen rechts zusammenstricken. Die erste Masche der 1. Nadel und die letzte Masche der 4. Nadel stets glatt rechts weiterstricken. Dieses Abnehmen noch 12x in jeder 6. folgenden Runde und 11x in jeder 4. folgenden Runde wiederholen (= 48 abgenommene Maschen). Die 60 verbleibenden Maschen auf 4 Nadeln verteilen (= 15 Maschen pro Nadel). Im Bündchenmuster weiterstricken. Nach insgesamt 56 cm Schaftlänge Ferse, Fuß und Spitze glatt rechts stricken, wie ab Seite 12 beschrieben.
Beide Socken gleich arbeiten.

**Mein Tip:**
Zu Wintershorts und modisch derben Schuhen sehen solche Overknees witzig aus.

**Zählmuster**

36
35
34
33
32
31
30

25

20

15

10
9
8
7
6
5
4
3
2
1

Bündchen

2. Nadel ⋁ 1. Nadel

**Zeichenerklärung**
⊠ = 1 Masche in 5. Farbe
⊡ = 1 Masche in 3. Farbe
⊡ = 1 Masche in 4. Farbe
⊞ = 1 Masche in 2. Farbe

# Keine Angst vor wilden Tieren

## Zebrastreifen

**Größe 38/39**

### Material

| Lfd. Nr. | Qualität | Farbe | Verbrauch |
|----------|----------|-------|-----------|
| 1 | Regia Tweed 4f. | 2957 wüste | 50 g |
| 2 | Regia Tweed 4f. | 2954 schwarz | 50 g |

### Nadeln
Nadelspiel Nr. 2 – 3

### Maschenprobe
30 Maschen/42 Reihen glatt rechts = 10 x 10 cm

### Strickmuster
Bündchen: 2 Maschen rechts, 2 Maschen links im Wechsel stricken

Grundmuster: Das Grundmuster ist eine einfache Streifenfolge. Der Effekt entsteht durch das unregelmäßige Zusammennähen von jeweils 3 Streifen (kraus, glatt rechts, kraus). Streifenfolge: *4 Runden kraus in Farbe 2, 4 Runden glatt rechts in Farbe 1. Die Streifenfolge ab * wiederholen.

Glatt rechts: In Runden jede Runde rechts stricken; in Reihen in Hinreihen rechts, in Rückreihen links stricken.

Kraus: 1 Runde rechte Maschen, 1 Runde linke Maschen im Wechsel stricken.

### Arbeitsanleitung
60 Maschen (=15 Maschen pro Nadel) anschlagen und 8 cm im Bündchenmuster stricken. Schaft und Fuß nach der Streifenfolge arbeiten, Ferse und Fußspitze glatt rechts stricken, wie ab Seite 12 beschrieben. Nach Fertigstellung werden die Streifen am Schaft und nach Möglichkeit auch auf dem Fußspann zusammengenäht, wie oben beschrieben (Grundmuster).
Beide Socken gleich arbeiten.

# Raubkatzenmuster

**Größe 38/39**

### Material

| Lfd. Nr. | Qualität | Farbe | Verbrauch |
|---|---|---|---|
| 1 | Regia | 2956 natur | 100 g |
| 2 | Regia 4fädig | 2024 dkl. camel moul. | 50 g |

### Nadeln
Nadelspiel Nr. 2 – 3

### Maschenprobe
30 Maschen/42 Reihen glatt rechts = 10 x 10 cm

### Strickmuster
Grundmuster für den Schaft: Das Einstrickmuster für den Schaft nach dem Zählmuster arbeiten. Die Maschenzahl muß durch 16 teilbar sein. Die 1. bis 20. Runde stets wiederholen

Glatt rechts: In Runden jede Runde rechts stricken; in Reihen in Hinreihen rechts, in Rückreihen links stricken.

### Arbeitsanleitung
64 Maschen (= 16 Maschen pro Nadel) anschlagen und für den Rollrand 8 bis 10 Runden glatt rechts stricken. Den Schaft nach dem Zählmuster arbeiten. Vor Beginn der Ferse pro Nadel 1 Masche abnehmen (= 60 Maschen). Ferse, Fuß und Spitze in Farbe 1 stricken, wie ab Seite 12 beschrieben.
Beide Socken gleich arbeiten.

### Zählmuster

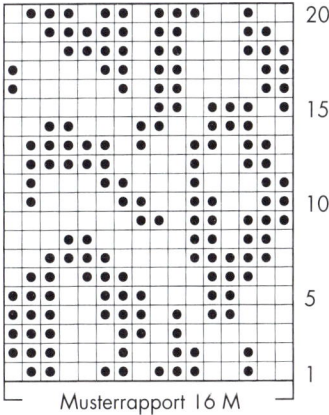

Musterrapport 16 M

20
15
10
5
1

### Zeichenerklärung
(jeweils 1 Masche rechts)

◉ = dunkel camel mouliné 2024

☐ = natur 2956

# Pinguine halten warm

**Größe 38/39**

## Material

| Lfd. Nr. | Qualität | Farbe | Verbrauch |
|---|---|---|---|
| 1 | Regia Color 4f. | 5004 marine flammé | 100 g |
| 2 | Regia 4fädig | 1992 natur | Rest |
| 3 | Regia 4fädig | 2066 schwarz | Rest |
| 4 | Regia 4fädig | 604 orion | Rest |

## Nadeln
Nadelspiel Nr. 2 – 3

## Maschenprobe
30 Maschen/42 Reihen glatt rechts = 10 x 10 cm

## Strickmuster
Bündchen: *1 Masche rechts verdreht, 1 Masche links,
1 Masche rechts verdreht, 3 Maschen links stricken.
Ab * fortlaufend wiederholen.

Glatt rechts: In Runden jede Runde rechts stricken; in
Reihen in Hinreihen rechts, in Rückreihen links
stricken.

Großes Perlmuster: 1 Masche rechts, 1 Masche links
im Wechsel stricken und das Muster in jeder 2. folgenden Runde versetzen.

Jacquardmuster: In Runden nach Zählmuster stricken.
Dabei den Rapport zwischen den Doppelpfeilen fortlaufend wiederholen. 1x die 1. bis 28. Runde stricken.

## Arbeitsanleitung
60 Maschen (= 15 Maschen pro Nadel) in Farbe 1
anschlagen und 3 cm im Bündchenmuster stricken.
Danach 28 Runden im Jacquardmuster stricken und
im großen Perlmuster in Farbe 1 weiterstricken. Nach
insgesamt 18 cm Schafthöhe Ferse, Fuß und Spitze
stricken, wie ab Seite 12 beschrieben. Dabei bis zur
Spitze mit der 2. und 3. Nadel im großen Perlmuster
weiterstricken, mit der 1. und 4. Nadel glatt rechts
stricken. Die Spitze glatt rechts stricken.
Beide Socken gleich arbeiten.

## Mein Tip:
Die Pinguine sehen auch als Borte am unteren Rand
eines Pullovers sehr hübsch aus.

## Zeichenerklärung
☐ = 1 Masche rechts in Natur 1992
△ = 1 Masche rechts in Marine-flammé 5004
• = 1 Masche rechts in Schwarz 2066
⊠ = 1 Masche rechts in Orion 604

### Zählmuster

Zählmuster (Runden 1–28), Rapport zwischen den Doppelpfeilen.

# Bunte Ringel
# im Quartett

Zu den langen, warmen Ringelstrümpfen gibt es jeweils eine lustige Mütze

## Modell I (Foto rechts, links oben)

**Socken:** Größe 34/35
**Mütze:** Kopfumfang 50 – 54 cm

### Material für Socken und Mütze

| Lfd. Nr. | Qualität | Farbe | Verbrauch |
|---|---|---|---|
| 1 | Regia 4fädig | 2002 kirsch | 100 g |
| 2 | Regia 4fädig | 2081 flieder | 100 g |

### Nadeln
Nadelspiel Nr. 2 – 3; für den Rand der Mütze Nadelspiel Nr. 2 – 2,5

### Maschenprobe
30 Maschen/42 Reihen glatt rechts = 10 x 10 cm

### Strickmuster
Bündchen: 1 Masche rechts, 1 Masche links im Wechsel stricken

Streifenfolge für den Schaft: *14 Runden in Farbe 1, 14 Runden in Farbe 2 im Bündchenmuster stricken. Ab * 1x wiederholen; 14 Runden in Farbe 1 (= 70 Runden).

Glatt rechts: In Runden jede Runde rechts stricken; in Reihen in Hinreihen rechts, in Rückreihen links stricken.

Streifenfolge für den Fuß: *10 Runden in Farbe 1, 10 Runden in Farbe 2 glatt rechts stricken. Ab * 1x wiederholen; 10 Runden in Farbe 1 und anschließend in Farbe 2 bis zur Spitze weiterstricken.

Rippenmuster: 5 Maschen rechts, 3 Maschen links im Wechsel stricken.

### Arbeitsanleitung für die Socken
68 Maschen (= 17 Maschen pro Nadel) in Farbe 1 anschlagen und im Bündchenmuster in der Streifenfolge für den Schaft stricken. Nach 70 Runden (= 16,5 cm Schafthöhe) 1 Runde rechts in Farbe 1 stricken, dabei je Nadel verteilt 3 Maschen abnehmen. Mit den verbleibenden 56 Maschen Ferse, Fuß und Spitze arbeiten, wie ab Seite 12 beschrieben. Dabei die Ferse in Farbe 2 und den Fuß in der Streifenfolge für den Fuß stricken.
Beide Socken gleich arbeiten.

### Arbeitsanleitung für die Mütze
Mit dem Nadelspiel Nr. 2 – 2,5 und Farbe 1 136 Maschen (= 34 Maschen pro Nadel) anschlagen und 2,5 cm im Bündchenmuster stricken. Mit Nadeln Nr. 2,5 – 3 und Farbe 2 im Rippenmuster weiterstricken. Nach 13 cm ab Bündchen mit dem Abnehmen beginnen: In jeder Linksmaschen-Rippe die beiden ersten linken Maschen links zusammenstricken (= 5 Maschen rechts, 2 Maschen links im Wechsel und 119 Maschen). Noch 1x in der 5. folgenden Runde in jeder Links-Maschen-Rippe die beiden linken Maschen links zusammenstricken (= 5 Maschen rechts, 1 Masche links im Wechsel und 102 Maschen). Danach in der 5. folgenden Runde in jeder Rechtsmaschen-Rippe die beiden letzten Rippenmaschen rechts zusammenstricken (= 4 Maschen rechts, 1 Masche links im Wechsel und 85 Maschen) und in der 5. folgenden Runde die beiden ersten rechten Maschen jeder Rechtsmaschen-Rippe rechts überzogen zusammenstricken (1 Masche abheben, die folgende Masche rechts stricken und die abgehobene Masche darüberziehen; = 3 Maschen rechts, 1 Masche links im Wechsel und 68 Maschen). Nach 73 Runden (= 17,5 cm ab Bündchen) in Farbe 2 weiterstricken und nach insgesamt 52 cm Mützenhöhe alle Maschen abketten. Den Mützenteil in Farbe 2 verknoten.

## Modell II (Foto unten, links unten)

**Stulpen:** Länge ca. 32 cm
**Mütze:** Kopfumfang 50-54 cm

### Material

| Lfd. Nr. | Qualität | Farbe | Verbrauch |
|---|---|---|---|
| 1 | Schachenmayr Rondino | 1623 schwarz | 50 g |
| 2 | Schachenmayr Rondino | 1625 kirsch | 50 g |

| Lfd. Nr. | Qualität | Farbe | Verbrauch |
|---|---|---|---|
| 3 | Schachenmayr Rondino | 1646 smaragd | 50g |
| 4 | Schachenmayr Rondino | 1642 veilchen | 50 g |
| 5 | Schachenmayr Rondino | 1615 rot | 50 g |
| 6 | Schachenmayr Rondino | 1600 weiß | 50 g |
| 7 | Schachenmayr Rondino | 1708 mitternacht | 50 g |

## Nadeln
Für die Bündchen Nadelspiel Nr. 2 – 3; für das Grundmuster Nadelspiel Nr. 3 – 4

## Maschenprobe
24 Maschen/32 Reihen glatt rechts = 10 x 10 cm

## Strickmuster
Bündchen: 1 Masche rechts, 1 Masche links im Wechsel stricken

Glatt rechts: In Runden jede Runde rechts stricken; in Reihen in Hinreihen rechts, in Rückreihen links stricken.

## Arbeitsanleitung für die Stulpen
Für das untere Bündchen mit Nadeln Nr. 2 – 3 und Farbe 2 68 Maschen (= 17 Maschen pro Nadel) anschlagen und 4 cm im Bündchenmuster stricken. Mit Nadeln Nr. 3 – 4 glatt rechts weiterstricken: 8 Runden in Farbe 2; 12 Runden in Farbe 1; 4 Runden in Farbe 6; 12 Runden in Farbe 7; 4 Runden in Farbe 6; 12 Runden in Farbe 4; 14 Runden in Farbe 5, je 4 Runden in Farbe 1, Farbe 6 und Farbe 3 (= 78 Runden/ca. 24 cm). Mit Nadeln Nr. 2 – 3 noch 4 cm in Farbe 7 im Bündchenmuster stricken. Alle Maschen abketten.
Beide Socken gleich arbeiten.

## Arbeitsanleitung für die Mütze
Mit dem Nadelspiel Nr. 2 – 3 und Farbe 1 104 Maschen (= 26 Maschen pro Nadel) anschlagen und 2 cm im Bündchenmuster stricken. Mit Nadeln Nr. 3 – 4 in der Streifenfolge weiterstricken: 10 Runden in Farbe 2; je 4 Runden in Farbe 1, Farbe 6, Farbe 3 und Farbe 6; je 10 Runden in Farbe 4, Farbe 6 und Farbe 7 (= 56 Runden/ca. 17,5 cm). Weiter 10 Runden in Farbe 3, dabei in der 1. Runde 2 Maschen pro Nadel abnehmen (= 24 Maschen pro Nadel); 10 Runden in Farbe 2, dabei in der 1. Runde 2 Maschen pro Nadel abnehmen (= 22 Maschen pro Nadel); 6 Runden in Farbe 6, dabei in der 1. Runde 2 Maschen pro Nadel abnehmen (20 Maschen pro Nadel); 4 Runden in Farbe 1; 4 Runden in Farbe 5, dabei in der 1. Runde 2 Maschen pro Nadel abnehmen (= 18 Maschen pro Nadel); 4 Runden in Farbe 1; 4 Runden in Farbe 5, dabei in der 3. Runde 2 Maschen pro Nadel abnehmen (= 16 Maschen pro Nadel); 4 Runden in Farbe 1; 4 Runden in Farbe 5; 4 Runden in Farbe 1, dabei in der 1. Runde 2 Maschen pro Nadel abnehmen (= 14 Maschen pro Nadel); 6 Runden in Farbe 6; 12 Runden in Farbe 4, dabei in der 1. und 11. Runde 2 Maschen pro Nadel abnehmen (= 10 Maschen pro Nadel); 6 Runden in Farbe 3; 8 Runden in Farbe 7, dabei in der 3. Runde 2 Maschen pro Nadel abnehmen (= 8 Maschen pro Nadel); 4 Runden in Farbe 6; 12 Runden

in Farbe 2, dabei in der 1. Runde 2 Maschen pro Nadel abnehmen (= 6 Maschen pro Nadel); 10 Runden in Farbe 1, dabei in der 1. Runde 2 Maschen pro Nadel abnehmen (= 4 Maschen pro Nadel). Diese Maschen nach dem Ende des Streifens mit doppeltem Faden zusammenziehen. Aus Farbe 2 einen Pompon mit ca. 6 cm Durchmesser anfertigen und an den Mützenzipfel nähen.

# Modell III (Foto S. 64/65, 2. von rechts)
**Overknees: Größe 26/27**
**Mütze: Kopfumfang 50 – 54 cm**

## Material

| Lfd. Nr. | Qualität | Farbe | Verbrauch |
|---|---|---|---|
| 1 | Regia 4fädig | 2080 superweiß | 50 g |
| 2 | Regia 4fädig | 2041 gelb | 50 g |
| 3 | Regia 4fädig | 1996 jeansblau | 50 g |
| 4 | Regia 4fädig | 2002 kirsch | 50 g |
| 5 | Regia 4fädig | 2081 flieder | 50 g |
| 6 | Regia 4fädig | 2092 russischgrün | 50 g |

## Nadeln
Je ein Nadelspiel Nr. 2 – 2,5 und 2,5 – 3; Häkelnadel Nr. 2,5 – 3

## Maschenprobe
30 Maschen/42 Reihen glatt rechts = 10 x 10 cm

## Strickmuster
Bündchen: 1 Masche rechts, 1 Masche links im Wechsel stricken

Glatt rechts: In Runden jede Runde rechts stricken; in Reihen in Hinreihen rechts, in Rückreihen links stricken.

## Arbeitsanleitung für die Overknees
Mit dem Nadelspiel Nr. 2 – 2,5 und Farbe 2 68 Maschen (= 17 Maschen pro Nadel) anschlagen und im Bündchenmuster je 9 Runden in Farbe 2, Farbe 5, Farbe 6 und Farbe 4 arbeiten (= 36 Runden). Mit dem Nadelspiel Nr. 2,5 – 3 glatt rechts 2 Runden in Farbe 4, 8 Runden in Farbe 1, dann je 16 Runden in Farbe 3, Farbe 2, Farbe 5, Farbe 6 und Farbe 4 stricken. 8 Runden in Farbe 1 stricken und in Farbe 3 bis zum Fuß weiterstricken. Wadenabnahmen: Nach 42 Runden ab Bündchen am Rundenbeginn 2 Maschen rechts überzogen zusammenstricken und am Rundenende 2 Maschen rechts zusammenstricken.

Dieses Abnehmen noch 2x in jeder 8. folgenden Runde und 6x in jeder 4. folgenden Runde wiederholen (= 48 Maschen). Diese Maschen auf 4 Nadeln verteilen (= 12 Maschen pro Nadel). Nach 35 cm Schaftlänge Ferse, Fuß und Spitze glatt rechts stricken, wie ab Seite 12 beschrieben. Die Ferse in Farbe 4, den Fuß in Farbe 5 und die Spitze in Farbe 2 stricken.
Beide Overknees gleich arbeiten.

### Arbeitsanleitung für die Mütze

Mit dem Nadelspiel Nr. 2,5 – 3 und Farbe 1 132 Maschen (= 33 Maschen pro Nadel) anschlagen und glatt rechts stricken. Farbfolge: 16 Runden in Farbe 1, 8 Runden in Farbe 5, 4 Runden in Farbe 2, 14 Runden in Farbe 3, 4 Runden in Farbe 6, 10 Runden in Farbe 1, 8 Runden in Farbe 4. Bis zum Mützenende in Farbe 2 weiterstricken. Nach 56 Runden (= in der 1. Runde des Streifens in Farbe 4) jede 11. Masche markieren und mit der Masche davor rechts zusammenstricken (= 120 Maschen). Danach 3x in jeder 4. folgenden Runde und 4x in jeder 2. folgenden Runde jede markierte Masche mit der Masche davor rechts zusammenstricken (= 36 Maschen). Noch 2x in jeder Runde jede markierte Masche mit der Masche davor rechts zusammenstricken (= 12 Maschen). In der folgenden Runde von Rundenbeginn bis Rundenende immer 2 Maschen rechts zusammenstricken (= 6 Maschen). Diese Maschen mit doppeltem Faden zusammenziehen und den Faden vernähen.
Den Anschlagrand mit der Häkelnadel in Farbe 4 mit 1 Runde festen Maschen umhäkeln, dabei den Rand leicht einhalten. Noch 1 Runde Pikots häkeln: *1 feste Masche, 3 Luftmaschen, 1 feste Masche in die 1. Luftmasche, 1 feste Masche der 1. Runde übergehen. Ab * fortlaufend wiederholen.

# Modell IV (Foto S. 64/65, ganz rechts)

**Kniestrümpfe: Größe 34/35**
**Mütze: Kopfumfang 50 – 54 cm**

### Material

| Lfd. Nr. | Qualität | Farbe | Verbrauch |
|---|---|---|---|
| 1 | Regia 4fädig | 540 royal | 100 g |
| 2 | Regia 4fädig | 2080 superweiß | 50 g |
| 3 | Regia 4fädig | 2068 weiß-schwarz moul. | 50 g |

### Nadeln

Nadelspiel Nr. 2 – 3

### Maschenprobe

30 Maschen/42 Reihen glatt rechts = 10 x 10 cm

### Strickmuster

Bündchen: 1 Masche rechts, 1 Masche links im Wechsel stricken

Glatt rechts: In Runden jede Runde rechts stricken; in Reihen in Hinreihen rechts, in Rückreihen links stricken.

### Grundmuster:

1. Runde: *1 Masche links, 3 Maschen rechts. Ab * fortlaufend wiederholen.
2. Runde: *2 Maschen links, 1 Masche rechts, 1 Masche links. Ab * fortlaufend wiederholen.
1. und 2. Runde stets wiederholen.

### Arbeitsanleitung für die Kniestrümpfe

56 Maschen (= 14 Maschen pro Nadel) in Farbe 1 anschlagen und 2 cm im Bündchenmuster stricken. Im Grundmuster nach Farbfolge weiterstricken. Farbfolge: 8 Runden in Farbe 3; 20 Runden in Farbe 1; 12 Runden in Farbe 2; 12 Runden in Farbe 1, 12 Runden in Farbe 2, 8 Runden in Farbe 1; 8 Runden in Farbe 2; 8 Runden in Farbe 1; 8 Runden in Farbe 7; 8 Runden in Farbe 5. Glatt rechts weiterstricken. Ferse, Fuß und Spitze arbeiten, wie ab Seite 12 beschrieben (Ferse in Farbe 2, Fuß in Farbe 1, Spitze in Farbe 3).
Beide Kniestrümpfe gleich arbeiten.

### Arbeitsanleitung für die Mütze

116 Maschen (= 29 Maschen pro Nadel) mit Farbe 1 anschlagen und 2 cm im Bündchenmuster stricken. Danach im Grundmuster nach Farbfolge weiterstricken: 14 Runden in Farbe 2; 14 Runden in Farbe 1; 14 Runden in Farbe 3; 14 Runden in Farbe 1 und die restlichen Runden in Farbe 2. Nach 14 cm ab Anschlag nach jeder Rechtsmaschen-Rippe die beiden ersten Maschen links zusammenstricken (= 1 Masche rechts, 2 Maschen links). Nach 16 cm ab Anschlag nach jeder Rechtsmaschen-Rippe die 2 linken Maschen links zusammenstricken (= 1 Masche rechts, 1 Masche links). Nach 18 cm ab Anschlag alle Maschen mit doppeltem Faden zusammenziehen, Faden vernähen. Pompon in Farbe 1 arbeiten und an der Mütze festnähen.

# Warm und winzig

Söckchen, Strümpfe
und Schuhe
für die Jüngsten

# Häschen, Teddy und Klettermax

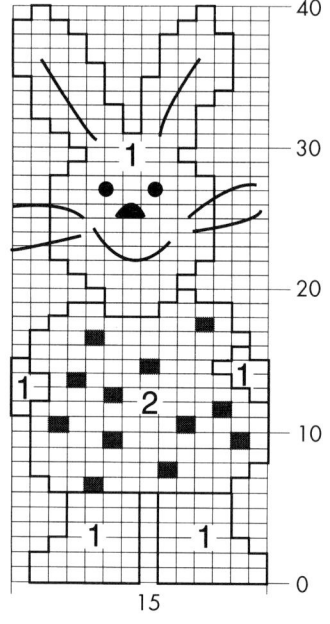

| | 1 | – hellbeige |
| | 2 | – pink |
| | Kleidertupfen | – curry |
| | Hintergrund | – schwarz |

## Häschen (Foto S. 68/69)

**Größe 28/29**

### Material

| Lfd. Nr. | Qualität | Farbe | Verbrauch |
|---|---|---|---|
| 1 | Regia 4fädig | 2068 schwarz-weiß mouliné | 50 g |
| 2 | Regia 4fädig | 2002 kirsch | Rest |
| 3 | Regia 4fädig | 2059 minze | Rest |
| 4 | Regia 4fädig | 2101 curry | Rest |
| 5 | Regia 4fädig | 1988 lavendel | Rest |
| 6 | Regia 4fädig | 861 hellbeige | Rest |
| 7 | Regia 4fädig | 2066 schwarz | Rest |

### Nadeln
Nadelspiel Nr. 2 – 3

### Maschenprobe
30 Maschen/42 Reihen glatt rechts = 10 x 10 cm

### Strickmuster
Bündchen: 1 Masche rechts, 1 Masche links im Wechsel stricken

Glatt rechts: In Runden jede Runde rechts stricken; in Reihen in Hinreihen rechts, in Rückreihen links stricken.

### Arbeitsanleitung
Rechter Socken: 50 Maschen (= 13 Maschen auf der 1. und 2. Nadel und 12 Maschen auf der 3. und 4. Nadel) mit Farbe 4 anschlagen und 8 Runden im Bündchenmuster stricken. Zu Farbe 1 wechseln und den Schaft (mindestens 44 Runden) glatt rechts stricken. Ferse, Fuß und Spitze stricken, wie ab Seite 12 beschrieben, dabei die Ferse in Farbe 5, den Fuß in Farbe 1 und die Spitze in Farbe 3 arbeiten. Nach Fertigstellung wird das Motiv nach dem Zählmuster im Maschenstich auf der Außenseite des Schaftes aufgestickt. Maul und Schnurrhaare werden im Stielstich, Augen und Näschen im Knötchenstich in Schwarz gestickt. Die Noppen werden ungleichmäßig bunt verteilt aufgestickt, können aber auch gehäkelt und aufgenäht werden.
Den linken Socken gegengleich arbeiten.

## Teddy (Foto S. 68/69)

**Größe 26/27**

### Material

| Lfd. Nr. | Qualität | Farbe | Verbrauch |
|---|---|---|---|
| 1 | Regia 4fädig | 2068 schwarz-weiß mouliné | 50 g |
| 2 | Regia 4fädig | 2002 kirsch | Rest |
| 3 | Regia 4fädig | 2059 minze | Rest |
| 4 | Regia 4fädig | 2101 curry | Rest |
| 5 | Regia 4fädig | 1988 lavendel | Rest |
| 6 | Regia 4fädig | 861 hellbeige | Rest |
| 7 | Regia 4fädig | 2066 schwarz | Rest |

### Nadeln
Nadelspiel Nr. 2 – 3

### Maschenprobe
30 Maschen/42 Reihen glatt rechts = 10 x 10 cm

### Strickmuster
Bündchen: 1 Masche rechts, 1 Masche links im Wechsel stricken

Glatt rechts: In Runden jede Runde rechts stricken; in Reihen in Hinreihen rechts, in Rückreihen links stricken.

## Arbeitsanleitung

48 Maschen (=12 Maschen pro Nadel) mit Farbe 2 anschlagen und im Bündchenmuster je 4 Runden in Farbe 2, Farbe 4, Farbe 5 und Farbe 3 stricken. Zu Farbe 1 wechseln und für den Schaft 32 Runden glatt rechts stricken. Den Schaft glatt rechts mit 4 Runden in Farbe 3 und 4 Runden in Farbe 1 abschließen. Ferse, Fuß und Spitze stricken, wie ab Seite 12 beschrieben. Die Ferse wird in Farbe 1 gestrickt, für den Fuß gilt folgende Streifenfolge: *je 4 Runden in Farbe 5, Farbe 1, Farbe 4, Farbe 1, Farbe 2, Farbe 1, Farbe 3, Farbe 1; ab * stets wiederholen. Die Spitze in der entsprechenden Farbe stricken.

Nach Fertigstellung wird der Teddy nach dem Zählmuster im Maschenstich auf die Vorderseite des Schaftes aufgestickt. Maul und Nase werden im Stielstich, die Augen im Knötchenstich in Schwarz gestickt. Beide Socken gleich arbeiten.

## Nadeln

Nadelspiel Nr. 2 – 3

## Maschenprobe

30 Maschen/42 Reihen glatt rechts = 10 x 10 cm

## Strickmuster

Bündchen: kraus (= 1 Runde rechts, 1 Runde links im Wechsel stricken)

Grundmuster (Streifenfolge): glatt rechts *7 Runden in Farbe 2; 2 Runden in Farbe 1; 7 Runden in Farbe 5; 2 Runden in Farbe 1; 7 Runden in Farbe 3; 2 Runden in Farbe 1; 7 Runden in Farbe 4; 2 Runden in Farbe 1. Ab * fortlaufend wiederholen.

Glatt rechts: In Runden jede Runde rechts stricken; in Reihen in Hinreihen rechts, in Rückreihen links stricken.

## Arbeitsanleitung

Rechter Socken: 54 Maschen (=13 Maschen auf der 1. und 2. Nadel und 14 Maschen auf der 3. und 4. Nadel) mit Farbe 1 anschlagen und 8 Runden im Bündchenmuster stricken. Den Schaft 45 Runden hoch nach der Streifenfolge stricken. Ferse, Fuß und Spitze stricken, wie ab Seite 12 beschrieben, dabei Ferse und Spitze in Farbe 1, den Fuß nach der Streifenfolge arbeiten.

Nach Fertigstellung wird der Klettermax nach dem Zählmuster im Maschenstich auf die Außenseite des Schaftes aufgestickt.

Den linken Socken gegengleich arbeiten.

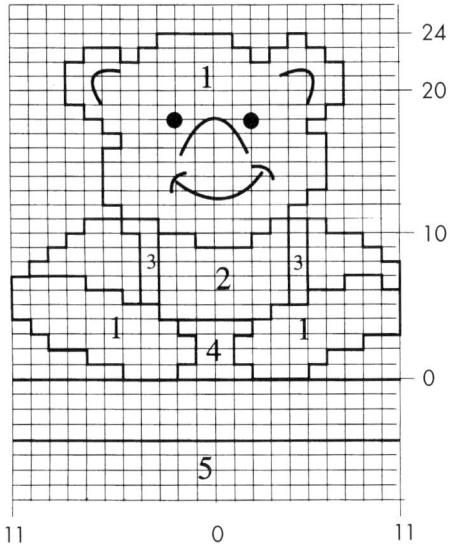

24
20
10
0

11    0    11

1 – hellbeige
2 – kirsch
3 – curry
4 – grün
5 – lavendel
Hintergrund
– schwarz

# Klettermax (Foto S. 68/69)

## Größe 32/33

## Material

| Lfd. Nr. | Qualität | Farbe | Verbrauch |
|---|---|---|---|
| 1 | Regia 4fädig | 2068 schwarz-weiß mouliné | 50 g |
| 2 | Regia 4fädig | 2002 kirsch | Rest |
| 3 | Regia 4fädig | 2059 minze | Rest |
| 4 | Regia 4fädig | 2101 curry | Rest |
| 5 | Regia 4fädig | 1988 lavendel | Rest |
| 6 | Regia 4fädig | 2066 schwarz | Rest |

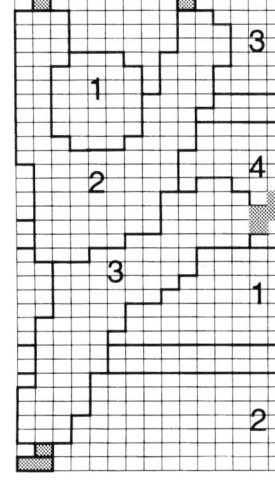

1    – curry
2    – kirsch
3    – lavendel
4    – grün
Hände/
Füße    – schwarz

# Babyschuhe aus dem Bilderbuch

## Material

| Lfd. Nr. | Qualität | Farbe | Verbrauch |
|---|---|---|---|
| 1 | Regia Color 4f. | 1956 funny-königsblau | 50 g |
| 2 | Regia 4fädig | 2054 hochrot | Rest |
| 3 | Regia 4fädig | 2041 gelb | Rest |

## Nadeln
Nadelspiel Nr. 2 – 3

## Maschenprobe
30 Maschen/42 Reihen glatt rechts = 10 x 10 cm

## Strickmuster
Kraus: 1 Runde rechte Maschen, 1 Runde linke Maschen im Wechsel stricken.

Grundmuster: In Runden bzw. Reihen nach Strickschrift arbeiten, dabei den Rapport zwischen den Doppelpfeilen fortlaufend wiederholen.

## Arbeitsanleitung
54 Maschen in Farbe 1 anschlagen und in Runden im Grundmuster stricken. Rundenbeginn ist in der hinteren Mitte. In der 32. Runde für den Kordeldurchzug Löcher einarbeiten: 2 Maschen rechts zusammenstricken, 1 Umschlag im Wechsel. Anschließend 19 Maschen am Rundenbeginn und 18 Maschen am Rundenende (= 37 Maschen) stillegen. Mit den restlichen 17 Maschen in offener Arbeit im Grundmuster für das Schuhoberteil noch 30 Reihen stricken. Danach zu diesen Maschen aus jedem Seitenrand des Oberteils 15 Maschen auffassen, die 37 stillgelegten Maschen wieder dazunehmen (=84 Maschen) und in Farbe 1 kraus weiterstricken. Rundenbeginn ist in der Fersenmitte. Nach 16 Runden (= 8 Rippen) die 34. und 50. Masche bezeichnen. In der folgenden Runde und 6x in jeder 2. folgenden Runde die 1. bezeichnete Masche mit der Masche davor rechts zusammenstricken. Gleichzeitig in diesen Abnahmerunden die beiden ersten Maschen dcr 1. Nadel rechts verdreht zusammenstricken und die zweit- und drittletzte Masche der 4. Nadel rechts zusammenstricken. Die restlichen 56 Maschen abketten und die Sohlennaht schließen. Durch die Lochreihe eine in Farbe 3 gedrehte Kordel ziehen (für die Kordel den Faden 4fach nehmen). Beide Schuhe gleich arbeiten.

## Strickschrift

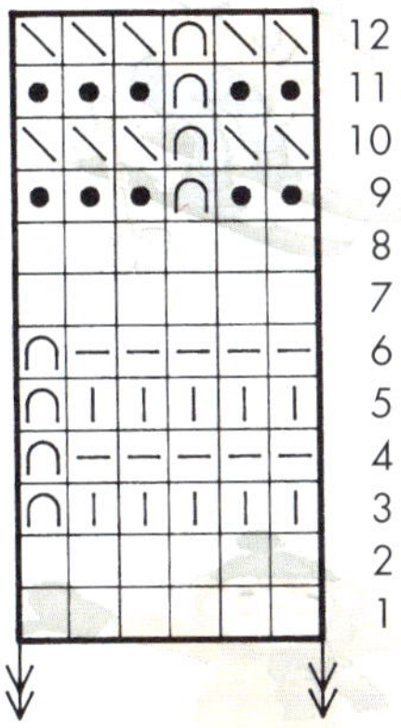

|  |  |  |  |  |  |  |
|---|---|---|---|---|---|---|
| ＼ | ＼ | ＼ | ∩ | ∩ | ＼ | 12 |
| • | • | • | ∩ | • | • | 11 |
| ＼ | ＼ | ＼ | ∩ | ＼ | ＼ | 10 |
| • | • | • | ∩ | • | • | 9 |
|  |  |  |  |  |  | 8 |
|  |  |  |  |  |  | 7 |
| ∩ | − | − | − | − | − | 6 |
| ∩ | ∩ | I | I | I | I | 5 |
| ∩ | − | − | − | − | − | 4 |
| ∩ | I | I | I | I | I | 3 |
|  |  |  |  |  |  | 2 |
|  |  |  |  |  |  | 1 |

## Zeichenerklärung

☐ = in Runden: 1 Masche rechts in 1. Farbe
= in Reihen: in Hinreihen 1 rechte Masche,
in Rückreihen 1 linke Masche in 1. Farbe

Ⅰ = in Runden: 1 Masche rechts in 2. Farbe
= in Reihen: in Hinreihen 1 Masche rechts,
in Rückreihen 1 Masche links in 2. Farbe

− = in Runden: 1 Masche links in 2. Farbe
= in Reihen: in Hinreihen 1 linke Masche,
in Rückreihen 1 rechte Masche in 2. Farbe

• = in Runden: 1 Masche rechts in 3. Farbe
= in Reihen: in Hinreihen 1 rechte Masche,
in Rückreihen 1 linke Masche in 3. Farbe

＼ = in Runden: 1 Masche links in 3. Farbe
= in Reihen: in Hinreihen 1 linke Masche,
in Rückreihen 1 rechte Masche in 3. Farbe

∩ = 1 Masche links abheben, der Faden liegt
stets auf der Arbeitsrückseite

# Warme Schuhe für kleine Füße

## Modell I (Foto rechts, ganz links)

### Material

| Lfd. Nr. | Qualität | Farbe | Verbrauch |
|---|---|---|---|
| 1 | Regia 4fädig | 2060 limone | 50 g |

### Nadeln
Nadelspiel Nr. 2 – 3

### Maschenprobe
30 Maschen/63 Reihen kraus = 10 x 10 cm

### Strickmuster
Kraus: 1 Runde rechte Maschen, 1 Runde linke
Maschen im Wechsel stricken. In Reihen jede Reihe
rechts stricken.

### Arbeitsanleitung
54 Maschen anschlagen und in Runden kraus stricken.
Rundenbeginn ist in der hinteren Mitte. In der 27. Runde für den Kordeldurchzug Löcher einarbeiten: 2
Maschen rechts zusammenstricken, 1 Umschlag im
Wechsel. In der folgenden Runde alle Maschen und
Umschläge rechts stricken. Anschließend 18 Maschen
am Rundenbeginn und 18 Maschen am Rundenende
(=36 Maschen) stillegen. Mit den restlichen mittleren
18 Maschen in offener Arbeit für das Schuhoberteil 22
Reihen kraus stricken. Danach zu diesen Maschen aus
jedem Seitenrand des Oberteils 11 Maschen auffassen, die 36 stillgelegten Maschen wieder dazunehmen
(=76 Maschen) und kraus weiterstricken. Rundenbeginn ist in der Fersenmitte. In der 17. Runde (= nach 8
Rippen) die 30. und 47. Masche bezeichnen. In der folgenden Runde und 7x in jeder 2. folgenden Runde die
1. bezeichnete Masche mit der Masche danach und die
2. bezeichnete Masche mit der Masche davor rechts
zusammenstricken. Gleichzeitig in diesen Abnahmerunden die beiden ersten Maschen der 1. Nadel rechts
verdreht zusammenstricken und die beiden letzten
Maschen der 4. Nadel rechts zusammenstricken. Die
restlichen 44 Maschen nicht abketten, sondern stillegen und durch Maschenstiche (Sohlennaht) miteinan-
der verbinden. Durch die Lochreihe eine aus 4fachem
Faden gedrehte Kordel ziehen.
Beide Schuhe gleich arbeiten.

# Modell II (Foto S. 74/75, rechts oben)

### Material

| Lfd. Nr. | Qualität | Farbe | Verbrauch |
|---|---|---|---|
| 1 | Regia Color 6f. | 1955 funny-minze | 50 g |

### Nadeln
Nadelspiel Nr. 3 – 4; Häkelnadel Nr. 3

### Maschenprobe
24 Maschen/36 Runden im Karomuster = 10 x 10 cm

### Strickmuster
Kraus: In Runden 1 Runde linke Maschen, 1 Runde rechte Maschen im Wechsel stricken. In Reihen jede Reihe rechts stricken.

### Karomuster:
1. und 2. Runde: 2 Maschen rechts, 2 Maschen links im Wechsel stricken.
3. und 4. Runde: 2 Maschen links, 2 Maschen rechts im Wechsel stricken.
Die 1. bis 4. Runde fortlaufend wiederholen.

Glatt rechts: In Runden jede Runde rechts stricken; in Reihen in Hinreihen rechts, in Rückreihen links stricken.

### Arbeitsanleitung
Der Schuh wird in der Sohlenmitte begonnen. Mit dem Nadelspiel 32 Maschen (= 8 Maschen pro Nadel) anschlagen und kraus stricken. Rundenbeginn ist in der hinteren Mitte. In der 2. Runde bei der 1. und 3. Nadel nach der 1. Masche und bei der 2. und 4. Nadel vor der letzten Masche je 1 Masche rechts verdreht aus dem Zwischenglied stricken (= 4 zugenommene Maschen, insgesamt 36 Maschen). Dieses Zunehmen noch 4x in jeder 2. folgenden Runde wiederholen und zwar bei der 1. und 3. Nadel nach der zuvor zugenommenen Masche, bei der 2. und 4. Nadel vor der zuvor zugenommenen Masche (= 52 Maschen). Nach 10 Runden ab Anschlag im Karomuster weiterstricken. Nach 8 Runden im Karomuster bei der 2. Nadel die letzten 3 Maschen und bei der 3. Nadel die ersten 3 Maschen (= 6 Maschen) glatt rechts weiterstricken und 5x in jeder 2. folgenden Runde die 1. rechte Masche mit den 2 Maschen davor rechts zusammenstricken, die 6. rechte Masche abheben, die folgenden 2 Maschen rechts zusammenstricken und die abgehobene Masche darüberziehen (= 32 Maschen). Ohne Abnahmen in der gegebenen Einteilung weiterstricken. Nach insgesamt 24 Runden im Karomuster die 6 rechten Maschen in der vorderen Mitte abketten. Mit den restlichen Maschen in offener Arbeit noch 9 Reihen kraus stricken. Alle Maschen abketten. Die Sohlennaht

schließen. Den Sohlenrand mit 1. Runde festen Maschen umhäkeln. Den oberen Krausrand nach außen umlegen.
Beide Schuhe gleich arbeiten.

**Mein Tip:**
Ein 50-Gramm-Knäuel Garn reicht für zwei Paar Babyschuhe.

# Modell III (Foto S. 74/75, rechts unten)

### Material

| Lfd. Nr. | Qualität | Farbe | Verbrauch |
|---|---|---|---|
| 1 | Regia Color 6f. | 1950 funny-malve | 50 g |

### Accessoires
2 kleine Knöpfe

### Nadeln
Nadelspiel Nr. 3 – 4; Häkelnadel Nr. 3

### Maschenprobe
22 Maschen/47 Reihen kraus = 10 x 10 cm

### Strickmuster
Bündchenmuster: 1 Masche rechts, 1 Masche links im Wechsel stricken.

Kraus: In Runden 1 Runde linke Maschen, 1 Runde rechte Maschen im Wechsel stricken. In Reihen jede Reihe rechts stricken.

### Arbeitsanleitung
Der Schuh wird in der Sohlenmitte begonnen. Mit dem Nadelspiel 32 Maschen (= 8 Maschen pro Nadel) anschlagen und kraus stricken. Rundenbeginn ist in der hinteren Mitte. In der 2. Runde bei der 1. und 3. Nadel nach der 1. Masche und bei der 2. und 4. Nadel vor der letzten Masche je 1 Masche rechts verdreht aus dem Zwischenglied stricken (= 4 zugenommene Maschen, insgesamt 36 Maschen). Dieses Zunehmen noch 3x in jeder 2. folgenden Runde wiederholen und zwar bei der 1. und 3. Nadel nach der zuvor zugenommenen Masche, bei der 2. und 4. Nadel vor der zuvor zugenommenen Masche (= 48 Maschen). Noch 2 Runden kraus, dann 6 Runden im Bündchenmuster stricken. Danach wieder kraus stricken, dabei in der 1. Krausrunde bei der 2. und 3. Nadel immer 2 Maschen links zusammenstricken (= je 6 Maschen auf der 2. und 3. Nadel; insgesamt 36 Maschen). In der folgenden Runde und 2x in jeder 2. folgenden Runde die drittletzte Masche der 2. Nadel mit der Masche davor rechts zusammenstricken und die dritte Masche der 3.

Nadel mit der Masche danach rechts verdreht zusammenstricken (= 30 Maschen). In der 2. folgenden Runde 8 Maschen der 1. Nadel stricken, die folgenden 14 Maschen abketten und die restlichen Maschen stricken. Alle 16 Maschen auf eine Nadel nehmen und in Reihen weiterstricken. Am Ende der 1. Reihe für den Riegel 14 Maschen neu anschlagen. Nach 5 Reihen Riegelhöhe alle Maschen abketten. Die Sohlennaht schließen. Den gesamten oberen Schuh- und Riegelrand mit 1 Runde festen Maschen umhäkeln, dabei am Riegelende für die Schlaufe ca. 2 Rippen mit 4 Luftmaschen übergehen. Knopf annähen.
Beide Schuhe gleich arbeiten.

# Lochmuster im Laufstall

### Größe 20/21

### Material

| Lfd. Nr. | Qualität | Farbe | Verbrauch |
|----------|----------|-------|-----------|
| 1 | Regia 4fädig | 2016 cyclam | 50 g |

### Nadeln
Nadelspiel Nr. 2 – 3

### Maschenprobe
30 Maschen/42 Reihen glatt rechts = 10 x 10 cm

### Strickmuster
Glatt rechts: In Runden jede Runde rechts stricken; in Reihen in Hinreihen rechts, in Rückreihen links stricken.

Lochmuster: Nach Strickschrift arbeiten.

### Arbeitsanleitung
40 Maschen (= 10 Maschen pro Nadel) anschlagen und für den Rollrand 10 Runden glatt rechts stricken. Nach dem Zählmuster weiterarbeiten. Wenn der Schaft die gewünschte Höhe erreicht hat, Ferse, Fuß und Spitze stricken, wie ab Seite 12 beschrieben. Für die Bandspitze nach den beiden ersten Abnahmerunden jeweils zwei Runden glatt rechts stricken, nach den beiden nächsten jeweils eine Runde, danach in jeder Runde abnehmen.
Beide Socken gleich arbeiten.

### Strickschrift

| | | | | | | | |
|---|---|---|---|---|---|---|---|
| | | | | | | | 8 |
| | U | 2 | | | U | 2 | 7 |
| | | | | | | | 6 |
| | | | | | | | 5 |
| | | | | | | | 4 |
| | | | U | 2 | | | 3 |
| | | | | | | | 2 |
| | | | | | | | 1 |

### Zeichenerklärung
☐ = 1 rechte Masche
U = 1 Umschlag
2 = 2 Maschen rechts zusammenstricken

Die Deutsche Bibliothek – CIP-Einheitsaufnahme

**Socken stricken – neue Ideen:** mit ausführlichem Grundkurs /
Lena Fuchs. (Fotogr.: Klaus Lipa). – Augsburg: Augustus-Verl., 1995
  ISBN 3-8043-0370-6
NE: Fuchs, Lena; Lipa, Klaus

Ohne die tatkräftige Unterstützung von Stefanie Frey, Gisela Klöpper
und ihren Mitarbeiterinnen bei der Schachenmayr, Mann & Cie.
GmbH, Salach, wäre dieses Buch nicht zustandegekommen.
Ihnen allen herzlichen Dank – ebenso wie den Augsburger Firmen
Hochlager, Bekleidungshaus Scherer, Spielebasar und Sport Wagner,
die uns mit ihren Leihgaben geholfen haben, die Fotos für diesen
Band zu gestalten.

Fotografie: Klaus Lipa, Augsburg
(Die Fotos auf den Seiten 2/3, 4/5, 54/55, 58/59, 64/65 und 78/79
stammen von der Firma Schachenmayr, Mann & Cie. GmbH, Salach)
Zeichnungen: Claudia Wiedenroth, Augsburg
Lektorat: Helene Weinold
Umschlaggestaltung: Christa Manner, München
Layout: Anton Walter, Gundelfingen

Augustus Verlag Augsburg 1995
© Weltbild Verlag GmbH, Augsburg

Satz: Gesetzt aus 9,5 Punkt Korinna
bei Walter Werbegrafik, Gundelfingen
Reproduktion: G.A.V. Gerstetten
Druck und Bindung: Appl, Wemding
Gedruckt auf 120 g umweltfreundlich elementar chlorfrei gebleichtem
Papier.
ISBN 3-8043-0370-6

Printed in Germany